商周時期的祖先崇拜

秦照芬 著

蘭臺出版社

商周時期的祖先崇拜

目 錄

商周時期的祖先崇拜

前　言

　　早在原始時期，人類即有祖先崇拜的現象，[1]因為在原始社會裡，祖先長輩們先前與子孫密切地生活在一起，用他們的經驗及智慧教導年輕人生活的技能。等到他們死亡之後，經過時間的累積及口耳相傳的渲染，這些已離開人世的祖先長輩往往被「神格化」，彷彿具有一種神秘的力量，能夠在冥冥之中觀察子孫在世的行為，加以保護、懲罰，而子孫們也深信藉由祭祀的儀式、祭品的供奉或其他表現，祖先就會保護在世的子孫免於災禍，因此形成所謂的「祖先崇拜」（ANCESTOR WORSHIP）。

　　祖先崇拜是中國文化的特色之一。根據近年來考古發掘之資料顯示，中國古代的祖先崇拜，可溯源至新石器時

---

[1]　這是因為：「對祖先的敬畏和崇拜，是人類對自身產生和繁衍的一種感激和報答之體現。」原始初民不僅相信自己祖先的亡靈存在著，而且相信它們具有保護自己的超自然能力，因而加以崇拜。（見余和祥，〈論宗廟祭祀及其文化特徵〉，《中南民族學院學報》21卷5期2001年9月，頁61，64。）

代。例如，象徵著祖先崇拜的陶且（祖）塑像，在客省莊、泉護村等地都有發現。[2]另外在黃河上游的齊家文化（距今約四千一百年至三千六百年）中，有利用天然的扁平礫石排列而成「石圓圈」形的祭祀遺跡，這種祭壇的直徑一般約四公尺，在它附近往往分布著許多墓葬，像甘肅省永靖縣大何莊的齊家文化遺址，就發現屬於不同時期的「石圓圈」遺跡共五處。據研究，齊家文化的「石圓圈」形祭祀遺跡，可能是先民哀悼或祭祀死者的場所，當年的人們在氏族公共墓地埋葬親屬時，圍著「石圓圈」形祭壇，宰殺牲畜，舉行哀悼儀式，祭祀祖先、哀悼死者，[3]這種情況也可視爲崇拜祖先的一種表現。

　　作者曾撰寫討論殷周文化因革損益之文章，當時作者以宗法禮制，作爲討論的重心，事後在重新閱讀史料、修改文章的過程中，體認到宗法制度形成之根本因素及其源始精神，應是來自古人崇拜祖先的觀念，因爲祖先使具同一血緣關係的一群人，產生相親的感覺，形成宗族組織，進而因同出一祖有同祖的信念而共尊某祖，而後經由尊祖之義，擴展至敬畏繼承祖先的宗子。這種循序漸近，由疏遠至親近的情感乃是自然形成的。故而中國古代之宗法才能歷久不衰而形成一宗法社會；事實上，中國古代之宗族、

---

[2] 參閱考古研究所編，《新中國的考古收獲》（北京，文物出版社，1962 年）頁 15。

[3] 請參閱中國社會科學院考古研究所甘肅工作隊，〈甘肅永靖大何莊遺址發掘報告〉，《考古學報》1974 年 2 期。

宗法正是由同世兄弟親親之義延伸至具長幼尊卑觀念與尊祖、崇祖的行動，進而擴及至敬宗的表現，宗子也就在這種最自然的情感延伸之下，整合全宗族，納全宗族於社會秩序之中。

如無上述最根本之精神觀念，宗法禮制及宗法社會無法形成，這促使作者有了探討商周時期祖先崇拜發展情況的動機，同時作者也想藉著討論祖先崇拜的過程，了解商周時期禮制形成的根源。《荀子‧禮論》論禮之本時，曾提及：

> 禮有三本，天地者，生之本也，先祖者，類之本也，君師者，治之本也。無天地，惡生？無先祖，惡出？無君師，惡治？三者偏亡焉，無安人。故禮，上事天，下事地，尊先祖而隆君師，是禮之三本也。

荀子稱「禮有三本……先祖者，類之本也……無先祖，惡出」，《禮記‧郊特牲》亦載：「萬物本乎天，人本乎祖……」一類的話，可見有祖先才有子孫，所以祖先崇拜成為中國文化非常重要的傳統。

許多人類學家、宗教學家把祖先崇拜視為一種較為原始的鬼魂崇拜或宗教信仰，像斯賓塞（Herbert Spencer）以祖先作為其宗教理論的基礎，主張：「其他宗教形式都是從祖先崇拜發展出來的，……祖先崇拜就是一切宗教的起源」

[4]另外林惠祥則認為：

> 祖先崇拜是鬼魂崇拜中特別發達的一種，凡人對于子孫的關係都極密切，所以死後其鬼魂還是想在冥冥中視察子孫的行為，或加以保佑，或予以懲罰，其人在生雖不是什麼偉大的或凶惡的人物，他的子孫也不敢不崇奉他。祖先崇拜（ancestorworship）遂由此而發生。[5]

但事實上世界各民族的情形並非盡皆如此，中國古代文化的發展就有其「特殊性」，這可由商周時期的祖先崇拜上得到印證，商周時期因為祖先崇拜所發展出來的一些相關禮制絕非僅是透過宗教信仰所能形成的。因此本書內容主要在探討商周時期的祖先崇拜及其所衍生而來的相關禮制。

祭祀祖先固是「祖先崇拜」最具體的表現之一；但在「尊祖敬宗」原則下所形成的宗族組織與約束宗族成員的宗法，更是商周時期發揮「祖先崇拜」的重要表現，同時商周亦透過對祖先的厚葬及青銅祭器的製作來顯示其對祖先追思崇拜之情。

---

[4] 參閱施密特著，蕭師毅、陳祥春譯，《原始宗教與神話》（上海，上海藝文出版社，1987年。）頁82。對於斯賓塞的觀點，施密特並不贊同，施密特認為「並沒有一種宗教，是只包含祖先崇拜的；所謂祖先崇拜，至多不過是若干宗教元素的一種而已。」，頁84。

[5] 林惠祥，《文化人類學》（北京，商務印書館，1991年。）頁245。林惠祥並指出維達人、非洲尼格羅人、新喀里多尼亞人、古代的羅馬人、閃族人、日本人、中國人的祖先崇拜都很著稱。

　　本文共分六部分，除前言、結論外，其餘四章：第一章討論商周人心目中祖先的形象及其祭祖場所；第二章論述商周二代對祖先的祭祀；第三章說明商周時期，在祖先崇拜下所形成的社會組織及其所發揮的社會功能；第四章則透過墓葬內之隨葬品及青銅祭器的銘文來看商周人對祖先的厚葬與追思；藉此觀察商周時期人們對祖先崇拜的情況。

第一章　祖先的形象與祭祖場所

本章從商周時期人們心目中的祖先形象談起，而後討論祭祖的場所—宗廟，同時從考古發掘的宗廟遺跡來看商周時期之宗廟建築型式，最後探討祖先在宗廟裡所參與之家國大事。

第一節　祖先的形象

一、商人心目中的祖先

根據文獻及卜辭內容來看，商人的祖先既是商人與至上神「帝」之中介人，又擁有致福、降禍的能力。

卜辭中有貞問先王「賓帝」之例，如：

①貞：大甲不賓于帝。
　貞：下乙不賓于帝。
　貞：咸不賓于帝。
　貞：大甲不賓于咸。
　貞：咸賓于帝。
　貞：大甲賓于咸。
　貞：下乙不賓于咸。

貞：大□賓于帝。（《合集》1402 正）（參閱附
圖一）

②下乙不賓于帝。大甲賓于帝。（《乙》7434）

根據學者之研究，這類先王「王賓帝」卜辭，[1]已有「先祖
配天」的觀念，在商人心目中，先祖死後當升於天，在帝
左右。因此具有帝之神能，可以降若受祐。[2]換言之，商人
之祖先死後可以「配祀上帝」，當然也就可能成為商人與帝
之中介人。另有學者以為商人的宗教生活，主要是受祖宗
神的支配，他們與天、帝的關係都是通過自己的祖宗神作
中介人。[3]

　　此外，在文獻中可以見到商人向祖先祈福之記載，例
如《詩經・商頌・那》載：「湯孫奏假，綏我思成」，《詩經
・商頌・烈祖》載：

---

[1] 對於這類「王賓」卜辭，學者多有不同意見，像羅振玉認為「王賓」
相連而作名詞（見羅振玉，《增訂殷虛書契考釋》下，日本東方學
會，1927 年，頁 59。）郭沫若主張「賓」應為動詞，「王賓」猶如
「王田」、「王步」（見郭沫若，《卜辭通纂》，日本東京文求堂，
1933 年，頁 15 下。）陳直則以為賓即儐字，祭鬼神也。（陳直，
《殷契騰義》石印本，1929 年，頁 3。）胡厚宣認為「王賓」、「賓
于帝」之義，乃「先祖配天」觀念之起。（見胡厚宣，〈殷代之天
神崇拜〉，《甲骨學商史論叢》初集上，山東，齊魯大學國學研究
所出版，民國 33 年，頁 9-11。）作者以為胡氏之說較為合於卜辭
所見內容。商人的祖先不僅可以「配天」在帝左右，甚至也享有部
分帝的權威。

[2] 見前引文〈殷代之天神崇拜〉，頁 9-11。

[3] 見徐復觀，《中國人性論史》（先秦篇）（台北，台灣商務印書館，
民國 76 年，八版。）頁 17。

　　嗟嗟烈祖，有秩斯祐，申錫無疆，及爾斯所……來
　　假來饗，降福無疆。

這些古代文獻記載著商代子孫向成湯等祖先祈求賜福之情
況。卜辭中也有類似之記錄，例如：（參閱附表一：卜辭所
見商人向祖先祈求事項一覽表）

　　①其求年于夒，五牛，王受祐。（《合集》28249）
　　②□子卜，其求年于夒。（《合集》28251）
　　③求雨于上甲宰。（《合集》672）
　　④于上甲求雨。（《合集》32327）
　　⑤丁丑卜，賓貞：求年于上甲，燎三小宰，卯三年。
　　　（《合集》10109）
　　⑥□卯卜，于上甲求年，□月。（《合集》10110）
　　⑦戊辰貞：求禾自上甲，其燎。
　　　癸亥貞：其求禾自上甲。（《合集》33209）
　　⑧辛卯卜，□求禾上甲□。（《合集》33312）
　　⑨上甲祟王。
　　　上甲弗祟王。（《合集》811 反）
　　⑩至上甲王受祐。（《合集》27059）
　　⑪于大乙祭雨十二月。（《英藏》1757）（參閱附圖
　　　二）
　　⑫上甲不雨。
　　　大乙不雨。
　　　大丁雨（《合集》32329 正）（參閱附圖三）
　　⑬貞：妣壬弗尪王。
　　　貞：妣壬尪王。（《合集》813）

從上列卜辭內容來看，商人的祖先既能致福亦能降禍，幾乎掌握當時商人生活的一切。可見在商人心目中，祖先死後可在帝左右，成為商人與帝之中介者，又具有帝之神能，所以商人崇拜祖先，向祖先求年、求雨、求致福勿降禍。

附表一：卜辭所見商人向祖先祈求事項一覽表

事項＼祖妣	求年	求禾	求雨	王受佑	崇王	卷王
夒	《合集》28249 28251	《合集》33273 33277 33301	《合集》14375	《合集》24960 28249	《懷特》15711	《屯南》2369
契	《合集》10099					
季					《合集》14720	《合集》14719
亥	《合集》10105 10107					
上甲	《合集》10109 10110	《合集》33209 33312	《合集》672 32327	《合集》27059	《合集》811 反	《合集》939 反
主壬	《合集》28268 36981	《屯南》3083	《屯南》2584			
大乙	《合集》33319		《英》1757			

事項／祖妣	求年	求禾	求雨	王受佑	崇王	害王
	28273					
祖乙	《合集》28273		《合集》32329 正			《合集》1623 正 1663 9741 正
祖辛					《合集》1736 1737 1738	《合集》1734 1735 17409 正
羌甲					《合集》5658 正	《合集》1823 正
祖丁	《合集》28275 37318 《屯南》2359				《合集》17409	《合集》775 反 1870 1871
南庚					《合集》5658 正	《合集》1823 正 5532 正 10299 正
陽甲					《合集》2119 2130	《合集》813 903 正 1659
盤庚					《合集》2130	《合集》2037 正 2146 正 2147

事項 祖妣	求年	求禾	求雨	王受佑	崇王	卷王
小辛					《合集》 2130	《合集》 377 正 903 正 2166
小乙						《合集》 371 正 722 正 766 正
康丁	《合集》 33320 33321					
妣壬						《合集》 813
妣甲						《合集》 1623
妣癸						《合集》 940 正

二、周人祖先的形象

《詩經・周頌・豐年》載：

　　為酒為醴，烝畀祖妣，以洽百禮，降福孔皆。

又《詩經・小雅・信南山》載：

　　祀事孔明，先祖是皇，報以介福，萬壽無疆。

上面二段引文所記都是周人對祖先的祭祀，並於祭祀之中向祖先祈求賜福，甚至能萬壽無疆。可見在周人心目中，祖先是可以福祐子孫的。

　　此外，從周人對祖先所用的稱呼也可看出，周人對其祖先的崇拜之情不斷地深化。周初周人沿用原來商人對祖先的稱謂，稱祖先為公、父（後附以日干）或考，這種現象可在周代一些銘文上見到。[4] 西周初期這類對祖先的稱呼不附敬辭，直呼公、父、考的情況，到了西周中期開始普遍在祖、考前冠以 "文" 的敬辭；如「北子盤」記：「北子作文父乙寶尊彝」，「服方尊」記：「服肇夙夕明享，作文考

4　像豐爵（銘文：『豐乍父辛寶』）、折觶（銘文：『折乍父乙寶尊彝』）、父辛鬲（銘文：『甬作父辛寶尊彝』）等器銘文上皆可見此現象。（參閱本文第四章第三節）

日辛寶尊彝」。至西周後期時則敬辭 "皇" 取代 "文" 成爲
周人對祖先稱謂的通例。例如「頌壺」載：「頌敢對揚天子
丕顯魯休，用作皇考龏叔，皇母龏始寶尊壺」，「禹鼎」記：
「禹曰：丕顯　皇祖穆公，克夾詔先王，奠四方」。（參閱
附表二：金文所見西周時期周人對祖先稱謂統計表）[5]

附表二：金文所見西周時期周人對祖先稱謂統計表

時期　稱謂	西周早期	西周中期	西周晚期	西周	西周早中期	西周中晚期
考	8	7	3			
剌考	1	3	5			
祖、先祖	3	1				
文父	1					
文祖	3	10	18			
文祖考		8	2			
文考	19	67	31	5	2	2
亞祖		4	1			
祖考		16	13			
高祖	1					

---

[5] 此表乃作者針對《殷周金文集成》一書中，所收錄 422 個載有對祖先稱謂之西周青銅器銘文所做之統計。

剌祖		1	4		
皇考	1	13	94	1	
皇文考		2			
皇文剌祖考			1		
皇祖		4	32		1
皇祖考		23	24		
皇祖文考		1	4		
皇祖剌考			1		
皇王			4		

　　文與皇作爲敬辭被用來稱呼先祖是經過周人精心選擇的，周人對先祖冠以“文”與“皇”的敬辭，主要是對先祖品格與德性的肯定；[6]可見周人心目中的祖先「祖神有德」，因此爲子孫稱頌效法。這種情形可從青銅器銘文得到印證，例如「大盂鼎」所載：「今我隹即井（型）廩于文王正德」，「毛公鼎」載：「不（丕）顯文、武，皇天引厭厥德。」又「番生簋」載：「番生不敢弗帥井（型）皇祖考不（丕）

6　敬辭“文”主要是對先祖品格與德性的肯定。“皇”是在文的基礎上發展而來的對于先祖的“至尊之稱”。參閱張懷通，〈西周祖先崇拜與君臣政治倫理的起源〉，《河北師範大學學報》20卷4期，1997年，頁81-82。

㭊（㭊）元德。」[7]據作者對西周時期青銅器銘文之歸納可知，周人祖神之德包括「懿德」、「經德」、「明德」、「政德」、「元德」、「天德」、「哲德」、「龏德」、「純德」、「首德」等等。[8]

　　此外，文獻亦記載著，周人心目中的祖先不僅可以福祐後代子孫，還可以因其祖德成為子孫崇拜學習的對象。《詩經・周頌・清廟》載：

> 於穆清廟，肅雝顯相。濟濟多士，秉文之德。對越在天，駿奔走在廟。不顯不承，無射于人斯。

又《詩經・周頌・維天之命》載：

> 維天之命，於穆不已。於乎不顯，文王之德之純。假以溢我，我其收之。駿惠我文王，曾孫篤之。

這二首祭祖樂歌[9]雖未明載文王德之內容，但對文王之德的敬仰、緬懷之情充分流露。可見周人心目中的祖先不但可以福祐後人，又以其祖德成為子孫崇拜學習的對象。

---

[7] 以上三器銘文釋文，參閱張亞初編，《殷周金文集成引得》，北京，中華書局，2001 年，頁 54，56，88。

[8] 參閱前引文《殷周金文集成引得》一書，頁 491-492。

[9] 《詩經》中的祭祖樂歌大部記載于《周頌》、《魯頌》、《商頌》三"頌"中，共計 35 篇。此外，記載于《大雅》中的祭祖樂歌為 16 篇。二者合計 51 篇，占現存《詩經》作品六分之一左右。請參閱梅新林，〈《詩經》中的祭祖樂歌與周代宗廟文化〉，《浙江師大學報》1999 年 5 期，頁 1。

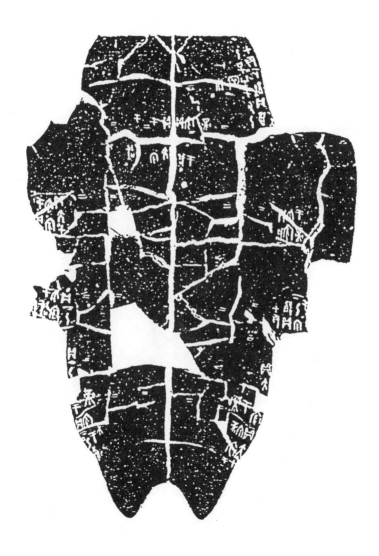

附圖一：《合集》1402 正

附圖二：《英藏》1757

附圖三：《全集》32329 正

第二節　祭祖之場所

一、祭祖的場所—宗廟

根據文獻的記載，古人祭祀祖先的場所在宗廟，《太平御覽》卷第五百三十一，〈禮儀部〉十載：

> 孝經曰：宗廟致敬，不忘親也。又曰：為之宗廟，以鬼享之。

下注：

> 宗者尊也，廟者貌也。先祖之尊貌，所居中宮何？以為人死精魂歸乎天，形體不藏，存之即存，不存則亡，明先祖神死依人也。

《禮記‧王制》則載，周天子與各級諸侯立廟祭祀祖先事，其文曰：

> 天子七廟，三昭三穆，與大祖之廟而七。諸侯五廟，二昭二穆，與大祖之廟而五；大夫三廟，一昭一穆，與大祖之廟而三；士一廟；庶人祭於寢。

上文，據漢代鄭玄注曰：

> 此周制。七者：大祖及文武王之祧與親廟四，大祖后稷。殷則六廟：契及湯與二昭二穆。夏則五廟，

　　無大祖，禹與二昭二穆而已。[10]

又王肅《孔子家語‧廟制》篇亦載：

　　天子立七廟……諸侯立五廟……大夫立三廟……士
　　立一廟……庶人無廟，四時祭於寢。此自有虞以至
　　於周之所不變也。

由典籍上的記載可知，「廟」乃祖神所在，人鬼所依，因此
商周時期人們在宗廟舉行祭祖大典。[11]

---

[10] 對於此語，唐代孔穎達疏曰：「鄭氏之意，天子立七廟，惟謂周也。
鄭必知然者，案禮緯稽命徵云：『唐虞五廟，親廟四，始祖廟一；
夏四廟，至子孫五；殷五廟，至子孫六。』鈞命決云：『唐堯五廟，
親廟四，與始祖五；禹四廟，至子孫五；殷五廟，至子孫六；周六
廟，至子孫七。』鄭據此為說，故謂七廟周制也。周所以七者，以
文王、武帝受命，其廟不毀，以為二祧，并始祖后稷及高祖以下親
廟四，故為七也。」

[11] 商周立廟祭祖，已無異說，但有關商周廟數問題，近代學者對上述
傳統文獻的說法則多持反對意見，且眾說紛紜。關於殷商廟數，近
代學者之討論可以參閱王國維（前引文〈殷周制度論〉）、金祥恆
（〈卜辭中所見殷商宗廟及殷祭考〉，大陸雜誌 20 卷 8-10 期，民
國 49 年。）、黃然偉（《殷禮考實》，台北市，台大文史叢刊 23，
民國 56 年。）、章景明（《殷周廟制論稿》，台北市，學海出版社，
民國 68 年。）、龔鵬程（〈宗廟制度論略〉，《孔孟學報》43─44
期，民國 71 年。）、江美華（《甲金文中宗廟祭禮之研究》，政大
碩士論文，民國 72 年。）、梁煌儀（《周代宗廟祭祀之研究》，政
大博士論文，民國 75 年。）、劉盼遂（〈甲骨文中殷商廟制徵〉，
《女師大學術季刊》1 期，1930 年，頁 119-123。）、張慶（〈古
代宗廟制度簡說〉，《文史知識》1986 年 5 期，頁 59-62。）等人
之著作。至於周代廟數則因貴族身份的不同及文獻記載的差異而有

　　商代甲骨文中雖無「廟」字，但已出現與「廟」字具同樣功能的「宗」字。「宗」字甲骨文作「侖」、「侖」、「侖」，而金文作「侖」、「侖」，原意爲「藏主以祭祀之所」，即「廟」（祖廟）。[12]此外，金文中尚有「宗室」一詞，例如下列諸

不同說法。相關討論可以參考王國維（《觀堂集林》卷十〈殷周制度論〉，台北市，中華書局，民國48年，頁469-472。）與唐蘭（〈西周銅器斷代中的"康宮"問題〉，《考古學報》1962年1期，頁15。）、楊寬（《古史新探》一書，北京，中華書局，1965年，頁166-196。）及章景明（《殷周廟制論稿》，台北市，學海出版社，民國68年，頁42。）等學者之著作。

[12] 根據《說文解字》之釋：「宗，尊祖廟也。從宀，從示。」段玉裁注曰：「宗尊，雙聲，按當尊也，祖廟也。」「宀」形即「宀」，象室屋，即廟也。「丁」或「丅」形，乃是「示」字，象神主，許慎訓「示」字為神事。又桂馥《說文義證》引載佀曰：「宗，祭祖禰之室也，故廟曰宗廟。」。王筠《說文句讀》曰「宀示者，室中之神也，天地神祇，壇而不屋，人鬼則於廟中祭之。」李孝定（《甲骨文字集釋》第七冊，頁1479。）、徐中舒（《甲骨文字典》，成都，四川辭書出版社，1990年）陳夢家（《殷墟卜辭綜述》頁473。）、丁山（〈宗法考源〉）、金祥恆（〈卜辭所見殷商宗廟及殷祭考〉大陸雜誌20卷8-10期，民國49年）等學者皆釋「宗」為「廟」（宗廟、祖廟），即「藏主以祭祀之所」。唐蘭則以為「商時典祀，有祖與宗之別，自上甲以下咸在宗廟，故卜辭均稱為示，然上甲至報丁四人所報祀者乃祭於門內之祊，別為石室以盛主，與其他之主異，示及宗原為鬼神之總名。示與主本用木或石以擬鬼神而祭之，藏於廟謂之宗，引申之則謂同所祭之人為宗，言其同一廟也，又謂主祭之人為宗，亦謂為主。」（參閱〈懷鉛隨錄、釋示宗及主〉，《考古》第六期，1933年，頁328-332。）唐蘭之說雖與眾家有所不同，但唐蘭所指之「宗」有「祖宗」之意，亦即諸家所說之「主」，不過筆者以為單自「宗」字字型來看，應釋為「廟」（即「藏主以祭祀之所」）較為恰當，證之金文亦然，金文之「宗」又作「侖」（過

器銘文所載：

①用享於宗室。（見於南宮有司鼎）[13]

②用享孝於宗室。（見於師器父鼎）[14]（參閱附圖四）

③用享於宗室。（見於仲戲父簋）[15]

④用孝於宗室。（見於癸簋）[16]

⑤萬年永保用於宗室。（見於豆閉簋）[17]（參閱附圖

伯簋）、「仚」（曾姬無卹壺）、「宀」（季良父簋）、「仚」（陳逆簋）等體。（參閱陳初生編，《金文常用字典》，陝西人民出版社，1987 年，頁 747-748。）又士父鐘、召白虎簋二器銘文皆有「用言（享）於宗」，此處「宗」字即「廟」（宗廟）之意，因此筆者以為「宗」字應釋為「廟」（宗廟）。事實上，殷代稱廟為宗的情況，到周代還保留著此種用法，如《詩經・大雅・鳧鷖》：「鳧鷖在深，公尸來燕來宗。」《儀禮・士昏禮》：「命之曰：往迎爾相，承我宗事。」《周禮・肆師》：「凡師甸用牲於社宗，則為位。」以上所謂「宗」者，都是指廟而言。可見周人還保留殷人稱廟為宗的用法。（請參閱章景明《殷周廟制論稿》，台北市，學海出版社，民國 68 年，頁 5。）因此「宗」字原意當如古文字學家所說的「藏主之地」意即為廟（祖廟）。周初文獻每每「宗」、「廟」、「宗廟」通用。但龔鵬程以為：「『廟』字所表示的，可能兼具祭祀天帝等作用在內，……『廟』的作用似遠較『宗』廣大些，不過它的主要意義依然是指祖廟而言。」（請參閱龔鵬程，〈宗廟制度略論〉，《孔孟學報》43 期，頁 247-248）筆者以為「宗」、「廟」皆同於「宗廟」，古代最重祀與戎，因此所有與祀相關之事項皆在宗廟中舉行，「宗」、「廟」應無差異。

[13] 請見鄒安，《周金文存》二、四〇，廣倉學窘藝術叢編臨時增刊本，1916 年。

[14] 見吳式芬，《攈古錄金文》二之三、七二，光緒廿一年吳氏家刻本。

[15] 羅振玉，《三代吉金文存》八、三二，北京，中華書局，1983 年。

[16] 前引書《三代吉金文存》七、二一。

五）

《詩・召南・采蘋》載：「於以奠之，宗室牖下。」（按鄭《箋》曰：「宗室，大宗之廟也。」）可見「宗室」即「宗廟」之意。

又廟字不見於甲骨文，但金文則多見之，其字作「𢉭」（見於吳方彝）、「𢉭」（見於師㫃簋甲）、「𢉭」（見於元年師兌簋）、「𢉭」（見於免簋）、「𢉭」（見於虢季子白盤）、「庿」（見於無叀鼎）、「庿」（見於同簋）、「庿」（見於師酉簋）、「庿」（見於廟孱鼎）、「庙」（見於盠方彝）、「廟」（見於夆方鼎）、「宮」（見於中山王䟒壺）等體。[18]

根據《白虎通義・宗廟》載：「廟者，貌也。」，《說文》載：「廟，尊先祖貌也。」及《釋名》曰：「廟，貌也。先祖形貌所在也。」等文之解釋，可知「廟」字同「貌」字，是由訓聲而來的。[19] 又《詩・清廟》鄭《箋》曰：

> 廟之言貌也，死者精神不可得而見，但以生時之居立宮室家貌為之耳。

可見古人將廟視為先祖形貌之所在、鬼神所居之處，因此

---

[17] 前引書《三代吉金文存》九、一八。

[18] 請見陳初生，《金文常用字典》，陝西人民出版社，1987 年一版，頁 880-881。

[19] 其他尚有將「廟」釋為「貌」者，如《公羊傳・桓公三年》何休注：「廟之為言貌也，思想儀貌而事之」，又《藝文類聚》〈禮部〉上引《尚書・大傳》曰：「廟者，貌也，其以貌言之也。」

在宗廟中祭祀祖先。[20]

　　此外，金文所見之廟有「大廟」或「宗廟」，皆天子、諸侯祭祀祖先之所；例如下列祭器銘文所載：

　①王各（格）廟。（見於吳方彝）[21]
　②王各（格）於周廟。（見於無叀鼎）[22]
　③王各（格）於成周大廟。（見於敔簋）[23]（參閱附
　　圖六）
　④外之則牆（將）速（使）堂（上）勤（觀）於天子
　　之庿（廟）。（見於中山王䚂壺）[24]
　⑤用孜（孝）宗朝（廟）。（見於夆伯簋）[25]
　⑥王各（格）於大廟。（見於趞簋）[26]

以上是金文中「大廟」與「宗廟」的例子。

　　由上文所舉甲骨文、金文及文獻內容可知古人將廟視為先祖形貌之所在、鬼神所居之處，因此以宗廟作為祭祖之場所。

---

[20]　金祥恆以為「帝郊享嘗鬼神之處，古謂之宗，后世謂之宗廟或簡言之曰廟。」（參閱金祥恆，〈卜辭中所見殷商宗廟及殷祭考〉，《大陸雜誌》20 卷 8-10 期，民國 49 年，頁 22。）

[21]　前引書《三代吉金文存》，六、五六。

[22]　前引書《三代吉金文存》，四、三四。

[23]　前引書《三代吉金文存》，八、四四。

[24]　河北省文物管理處，〈河北省平山縣戰國時期中山國墓葬發掘簡報〉，《文物》1979 年 1 期，頁 1。

[25]　上海博物館編，《上海博物館藏青銅器附冊》，上海人民出版社，1964 年，頁 51。

[26]　前引書《三代吉金文存》，四、三三。

二、考古所見之宗廟遺跡

從文獻的內容來看，商周二代皆在宗廟裡祭祖。至於宗廟之大小及型式，可透過目前考古發掘之成果瞭解。商周宗廟的遺跡主要有三處，一是位於安陽小屯的商代殷墟建築遺址，一是在陝西岐山鳳雛村宗廟建築遺址，一是西安豐鎬兩京都邑遺址之宗廟遺跡，現分述於下：

(一)商代宗廟的建築遺跡

根據考古學家對安陽小屯的發掘，殷墟建築遺存可以分為三大部分（甲、乙、丙三組），這三組分居三個區域，甲組居北，乙組居中，丙組則在乙組之西南。（參閱附圖七：安陽小屯基址分佈圖）[27]這三組建築遺存之結構各有其特徵：

1.甲組：（參閱附圖八：甲組基址）[28]

甲組的形制較簡單，基址以長方形者居多，條形、凹形、圓墩形者次之，而且基址各自獨立，無構成四合形之組織，有三分之二的基址向東，在基地範圍內沒有人畜等墓葬，有的基址規模比較小其用途可能為住室。[29]

---

[27] 本圖引自石璋如，《中國考古報告集之二：小屯‧第一本‧遺址的發現與發掘：乙編》（台北，中央研究院歷史語言研究所出版，民國48年。）頁21。

[28] 本圖引自前引書《中國考古報告集之二：小屯‧第一本‧遺址的發現與發掘：乙編》頁27。

[29] 前引書《中國考古報告集之二：小屯‧第一本‧遺址的發現與發掘：

　　甲組基址建築的時代早，可能在武丁時（與第一期甲骨相當）開始建築，它的使用時間最長，一直沿用到亡國。根據發掘者最初之推論，甲組基址可能是住人的，[30]但經發掘者對甲六基址進行地上建築復原研究後，指出凹形的甲六基址，其地上建築是一處宗廟。[31]

　　2.乙組：（參閱附圖九：乙組基址與墓葬分佈圖）[32]

　　本組基址的種類比較複雜，為其他兩組所未見，且結構精密，可能事先有一個詳審的計劃，主房與廂房的排列位置均等，非常集中，從北到南是一個完整的結構。基址方向與甲組恰巧相反，重要的基址多南向，次要基址多東向或西向。礎石較甲、丙組多，每個基址礎石數目不等，最小的四個，最多的有一○九個，礎石排列整齊。另有許多大的基址，在其上下附近有許多墓和坑，這些墓和坑可能與奠基、置礎、安門、落成等一套儀式有關。[33]

乙編》頁 20。

[30]　前引書《中國考古報告集之二：小屯・第一本・遺址的發現與發掘：乙編》頁 332。

[31]　參閱石璋如，〈殷墟地上建築復原第四例—甲六基址與三報二示〉，《中央研究院第二屆國際漢學會議論文集—歷史與考古組》（上），台北，中央研究院，1989 年，頁 1-30。作者在文中並指出，甲六這座宗廟建築所供奉的神主為三報（報乙、報丙、報丁）與二示（示壬、示癸）等五位商王祖先。

[32]　本圖引自《中國考古報告集之二：小屯・第一本・遺址的發現與發掘：乙編》頁 280。

[33]　前引書《中國考古報告集之二：小屯・第一本・遺址的發現與發掘：乙編》頁 20-22。

　　其中乙七基址（參閱附圖十：乙七基址與墓葬分佈圖）
[34]前有北、中、南三組墓葬；中組現存 12 行列 79 墓 378 人，
他們都是建築物的犧牲，乙組二十一處基址，有 13 個奠基
墓，各種形式的墓葬全備，其中十一座基址上挖了 189 個
坑，用 641 個人、15 匹馬、40 頭牛、119 隻羊、127 條狗、
5 輛車及若干套兵器和用器奠基。乙組基址規模較大，時
代可能與甲骨第一或第二至第四期時代相當，基址的開創
者可能是祖甲。[35]根據董作賓的研究，祖甲在位時改革曆
制、實行新法，[36]而乙組基址主房面向（廿一處基址中，向
南面的有十六處）的改變可能與宗教信仰有很大關係；乙
組基址很可能是宗廟所在。[37]

　　3.丙組：（參閱附圖十一：丙組基址與墓葬分佈圖）[38]

　　丙組基址規模較小，但組織非常規律，可能爲帝乙晚
年或帝辛早年的建築。丙組基形有一些與甲、乙組不同的，
例如在一個大基址上，四隅另有一個小基址。全部以北部
的大方基址爲主體，南部正中有一座三間的基址，並有相

---

[34] 本圖引自《中國考古報告集之二：小屯・第一本・遺址的發現與發
　　掘：乙編》頁 293。

[35] 前引書《中國考古報告集之二：小屯・第一本・遺址的發現與發掘：
　　乙編》頁 332

[36] 請見董作賓，〈殷代禮制的新舊兩派〉，《大陸雜誌》6 卷 3 期，
　　民國 42 年，頁 1-6。

[37] 前引書《中國考古報告集之二：小屯・第一本・遺址的發現與發掘：
　　乙編》頁 332。

[38] 本圖引自《中國考古報告集之二：小屯・第一本・遺址的發現與發
　　掘：乙編》頁 302。

對的東西廂。北部有相對小方台，全組基址構成一個體系。基址方向與乙組相同，若干基址附近有若干墓坑，但與乙組不同，就整結構來說，右方為人墓，左方為畜坑，排列得井然有序。[39]

　　丙組的基址，從地下墓坑的組織和基址的形制來看，可能是一個祭祀的場所。丙組的基址有路、廂、壇，其墓葬有成人、孩童；還有殉葬物繁多的重要人物。獸坑有狗、羊、牛，還有柴灰坑、黑土坑，燒羊骨、燒牛骨等。丙一大基址上的人墓獸坑，以及丙一北面的南中兩組人墓獸坑和柴灰坑燒骨可能都是歷次祭祀的犧牲品，兩條路應是到室壇的通路，前面的東西廂可能即是管理壇室的人員或祭者的住所，最北的一組六墓可能是主持祭祀者或管理壇室者的葬所。[40]

　　經過考古學家對三組基址的分析，可以得知當時的建築方法及步驟如下：

　　1.建築方法：依堅而建，施夯而建，先平後建，分挖整建，整挖整建，整夯分建，置礎而建，敷灰而建，依舊改建。[41]

　　2.建築步驟：奠基、置礎、安門、落成、附殉。尤其

---

[39] 前引書《中國考古報告集之二：小屯●第一本●遺址的發現與發掘：乙編》頁 22，332。

[40] 前引書《中國考古報告集之二：小屯●第一本●遺址的發現與發掘：乙編》頁 166-168，303。

[41] 前引書《中國考古報告集之二：小屯●第一本●遺址的發現與發掘：乙編》頁 274-276，326-327。

宗廟的建築更爲認真，每個階段（奠基、置礎、安門、落成）都要舉行一個祭祀的儀式。奠基的儀式用狗，更重要的建築則用童。置礎相當後代的上樑，牲用牛、羊、狗等三牲，同時也用人。安門的儀式較繁重，故用牲也複雜。每門用四閽，[42]各持武器跪在門的前後左右，用五寺人陳在門內的東西兩邊。此外司廚置於左右，司器置於後方，表示室內可以居住了。最後落成典禮，用牲的種類較廣，以一個車隊六百餘名步卒，由一個統帥率領陳列在建築物的正前方，這種儀式並不是每一座建築物都是如此，只有面南的重要建築物才是這樣。[43]

(二)西周的宗廟遺跡[44]

　　岐山鳳雛村宗廟建築遺址，始建年代約在武王克商以前。[45]甲組建築基地，是建築在夯土台基上的一座前後有兩

---

[42] 據《周禮·天官》載：「閽人，王宮每門四人，圍游亦如之。」而乙七基址的門確有四人。又《周禮》載：「閽人掌守王宮之中門之禁，喪服凶器不入宮，潛服賊器不入宮，奇民怪服不入宮。」足見乙七基址門旁的四人，就是負責守門的閽人。前引書《中國考古報告集之二：小屯·第一本·遺址的發現與發掘：乙編》頁6-7。

[43] 前引書《中國考古報告集之二：小屯·第一本·遺址的發現與發掘：乙編》頁6-7，281-300。

[44] 除了岐山外，在扶風召陳一帶，也發現了上百座連綿成片的大型建築遺跡，這些建築都有較高的台基，屋頂施瓦，很可能是西周王室的宮殿或宗廟遺址。（參閱國家文物局編：《中國文物地圖集—陝西省分冊》上冊，西安地圖出版社，1998年，頁104。）

[45] 由於鳳雛基址內有大量擎檐柱跡，而且都是直立於地面之上，鳳雛宮室建築水平略與殷晚期建築相當，就承檐結構的發展來說，將甲

進院落的宮室群體，房基南北長 45.2 公尺，東西寬 32.5 公尺，全部面積有 1469 平方公尺，整組建築約呈南北方向，以門道、前堂和過廊居中，構成中軸線，東西兩邊配置門房、廂房，左右對稱，佈局整齊有序（請見附圖十二：岐山鳳雛村西周甲組宮殿—宗廟基址平面圖），整個建築以前堂為中心，前有門塾，門外置屏（影壁），堂前有大院子，由三列台階登堂，左右各有台階二組登東西迴廊，堂後有廊道通後室，廊道兩側為東西兩小院。

　　前堂台基最高面寬六間，道長 17.2 公尺，進深三間，寬有 6.1 公尺。台基夯土築實，但北壁用土坯砌成，上塗三合土（由細砂、白灰、黃土拌成），用以保護堂基。後室五間，面寬 32 公尺，進深 3.1 公尺，有走廊，地面為三合土灰漿面，後室後檐牆和東西兩廂的北面山牆連成一體。整個建築的四面牆連接不斷，堡中門門道切開。東西廂各有八間，南北排列，東西對稱，前檐也有走廊，廂房地面也有三合土灰漿面。整個建築有良好的排水設施，台基下有陶管構成的水道，或用河卵石砌成。在建築的東、西、北三面都有台檐，台檐外面均有散水溝或散水面，台基以夯土築實，隔牆則是分層夯實，牆面以三合土裝飾。[46]

　　如果將上述鳳雛村甲組建築遺址復原，便可發現它是

組斷為時當殷末的早周是合適的。（楊鴻勳，〈西周岐邑建築遺址初步考察〉，《文物》1981 年 3 期，頁 23-33。）

[46] 陝西周原考古隊，〈陝西岐山鳳雛村西周建築基址發掘簡報〉，《文物》1979 年 10 期，頁 27-34。

一座四邊都可以走得通的大院落（見附圖十二），前有門塾，兩邊東廡（廂）、西廡（廂）各有八間小室，中央是堂正對著前庭，堂後面經過廊道穿越後庭連接後面的內室三間，基址的牆是夯土堅築，堂室都有築高的台基上，台基亦經夯實，房屋是用複雜的柱網，構成高聳的屋架，在中堂是一個四阿的屋頂，兩廡是兩廈的屋頂（所謂兩坡懸山頂），整座建築的格局規整，前中後三進，左右對稱，堪稱中國傳統建築方式的早期典範。[47]

　　經考古學家的勘查，鳳雛基址東邊有寬大的宮牆遺址，西邊有乙組建築基址，並與甲組用牆隔開，因此鳳雛基址位於整片建築群的最左邊，南宋李如圭《儀禮釋宮》曰：

> 周禮建國之神位，右社稷，左宗廟，宮南向而廟居左，則廟在寢東也。

而鳳雛甲組基址正符合上文「廟在寢東」的佈局。[48]據學者研究，鳳雛宮室又體現建築設計上的三項進步：一是影壁的出現（其目的在於造成建築體的完整閉合）；二是整個建築體包含一系列「開放」和「閉合」的空間交遞；三是「中

---

[47] 傅熹年，〈陝西岐山鳳雛西周建築遺址初探〉，《文物》1981 年 1 期，頁 65-74。

[48] 請見尹盛平，〈周原西周宮室制度初探〉，《文物》1981 年 9 期，頁 13-17。

軸線」這一重要建築概念的確立。[49]

　　此外，西安豐鎬兩京都邑遺址中也有宗廟遺跡。根據學者的研究，城區的主要面積多爲王室宮殿、宗廟和貴族居址采地所佔據。[50]灃西地區客省庄、馬王村一帶，自一九七七年至今，考古學家先後在這裡發現十餘處大型夯土基址建築。[51]（見附圖十三：豐鎬地區考古遺存圖）這些已發現的西周夯土基址建築是一組或幾組群體，即由許多座單體西周夯土建築按一定布局組成的西周夯土基址建築群；它們以三號、四號夯土基址爲主體，大大小小幾十座夯土建築，參差錯落，組成了有一定布局的西周建築群體，在建築群體內有較爲完善的地下排水管道，與建築群體直接相連的則是一條寬達 15 公尺左右的大道。四號夯土基址是其中最大的一座單體建築，夯土基址整體平面呈丁字形，面南，四號夯土基址建築始建于西周穆王前後，毀於西周晚期厲、宣之際。所代表的建築顯然是一座高台式的中心主體建築，它是目前所見西周時期規模較大，較爲壯觀的高台建築。[52]這座高台建築正符合《詩經‧文王有聲》所描

---

[49] 巫鴻，〈從“廟”至“墓”〉，收入《慶祝蘇秉琦考古五十五年論文集》（北京，文物出版社，1989 年）頁 100。

[50] 參閱盧連成，〈西周豐鎬兩京考〉，《中國歷史地理論叢》1988 年 3 期，頁 150。

[51] 請見中國社會科學院考古研究所豐鎬發掘隊：〈陝西長安灃西客省庄四號西周夯土基址發掘報告〉，《考古》1987 年 8 期。

[52] 參閱前引文：〈西周豐鎬兩京考〉，頁 136-137。作者在文中指出：一九七六年陝西周原鳳雛村發掘的西周甲組建築群遺址是組包括有

述「築城伊淢，作豐伊匹」的情況。

　　至於灃東鎬京地區以一九八三年至一九八四年在灃河東岸斗門鎮至洛水村一帶地區，所發現十餘處西周夯土建築基址及大量的建築用材最爲重要。其中五號宮室建築，座北朝南，是以東西爲中軸線的對稱布局，整體布局平面呈"工"字形，分主體建築和左右兩翼南北對稱的附屬建築、夯土墻及墻基部分組成；主體宮室建築面積 851平方公尺，是一座重檐屋頂式的高大宏偉建築。五號宮室基址的建築年代相當西周中期偏晚孝懿時期，屬于西周王的宮寢。（見附圖十四：鎬京五號宮室構想復原圖）[53]

　　兩進庭院的封閉性建築群，它的總面積是 1469 平方公尺；周原召陳村三號建築是一座單體建築，面積爲 360 平方公尺；長安客省庄已發掘的四號西周夯土基址建築規模和壯觀程度顯然高於周原鳳雛和召陳兩處西周建築基址；這組建築只有西周高級貴族才能夠享用，而客省庄、馬王村一帶應是豐京範圍內的中心區域。

[53] 請見陝西省考古研究所：《鎬京西周宮室》，頁 12-58。又據發掘者指出：五號宮室基址的發掘，依據其規模和建築布局，結合文獻記載，與周原鳳雛甲組宮室基址作了比較，不但建築用材瓦的種類增多，瓦的製作技術趨向薄而輕巧，版築夯土墻比鳳雛宮室基址加寬 20 公分，可見五號宮室建築基址較周原宮室基址的營建技術發展、提高、進步。

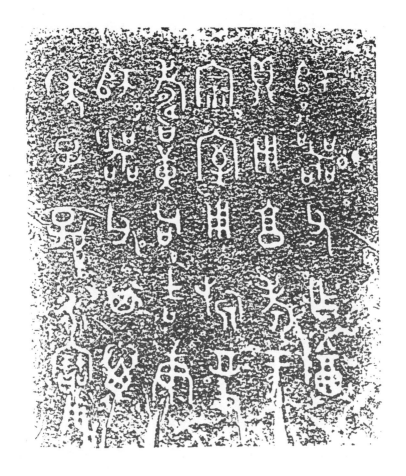

附圖四：師器父鼎銘文

附圖五：豆閉簋銘文

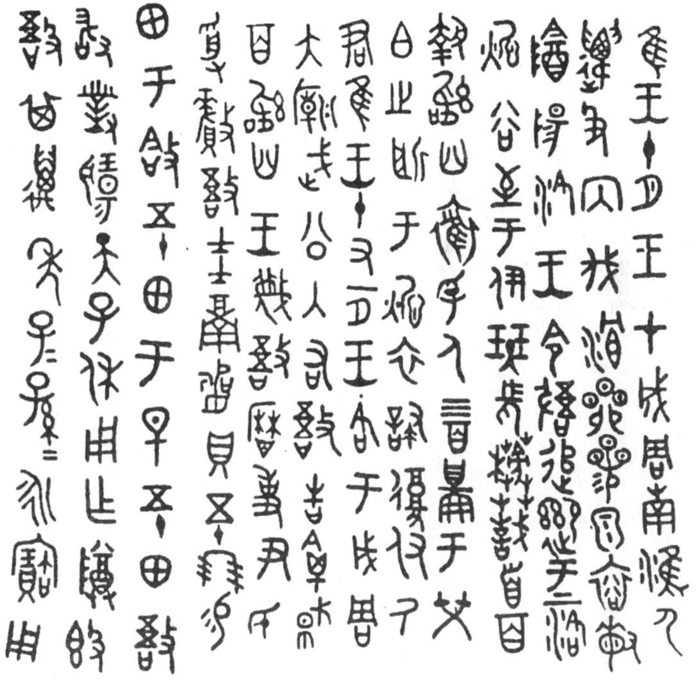

附圖六：敔簋銘文

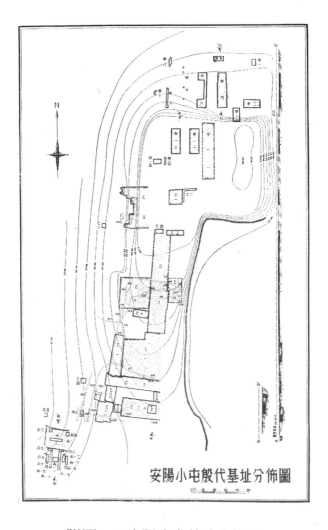

附圖七：安陽小屯基址分佈圖
（本圖引自《中國考古報告集之二：小屯・第一本・
遺址的發現與發掘：乙編》頁21）

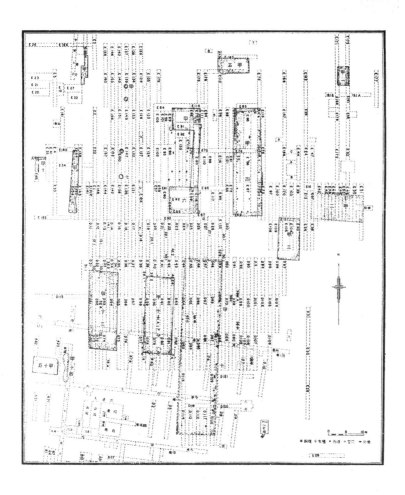

附圖八：甲組基址
（本圖引自《中國考古報告集之二：小屯・第一本・
遺址的發現與發掘：乙編》頁 27）

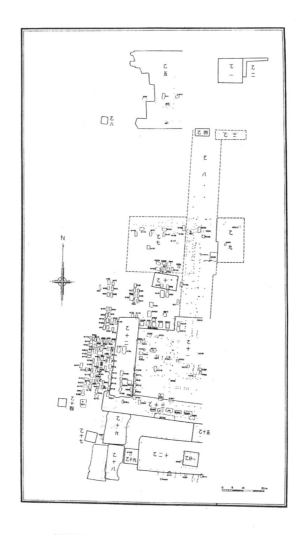

附圖九：乙組基址與墓葬分佈圖
（本圖引自《中國考古報告集之二：小屯·第一本·遺址
的發現與發掘：乙編》頁 280）

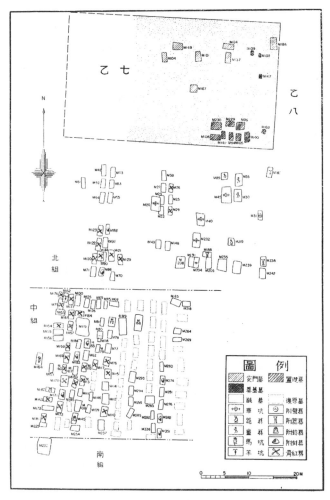

附圖十：乙七基址與墓葬分佈圖
（本圖引自《中國考古報告集之二：小屯・第一本・遺址
的發現與發掘：乙編》頁293）

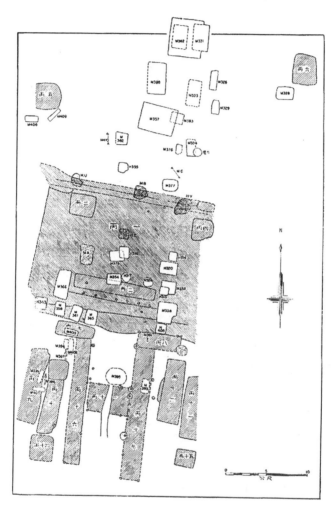

附圖十一：丙組基址與墓葬分佈圖
（本圖引自《中國考古報告集之二：小屯・第一本・遺址
的發現與發掘：乙編》頁302）

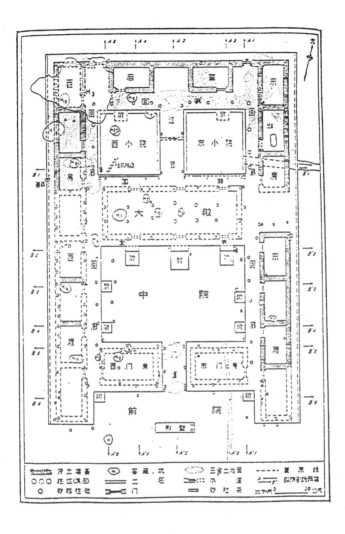

附圖十二：岐山鳳雛村西周甲組宮殿—宗廟基址平面圖
（本圖引自陳全方著，《周原與周文化》，上海，人民出版
社，1988年。）

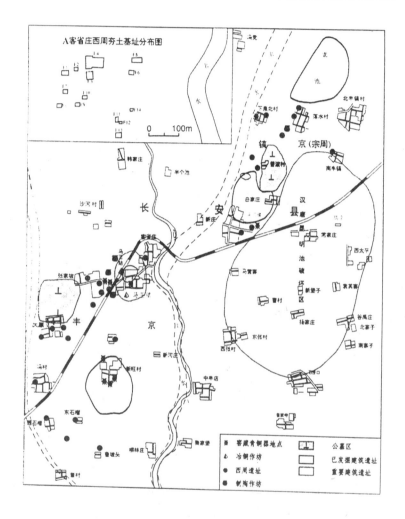

附圖十三：豐鎬地區考古遺存圖
（本圖引自國家文物局編，《中國文物地圖集─陝西省分
冊》上冊，西安，地圖出版社，1998 年，頁 380。）

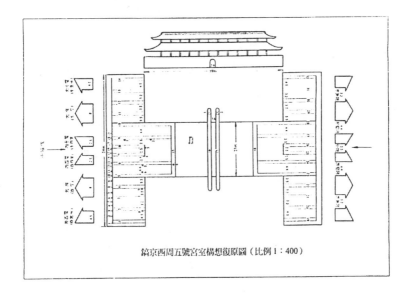

鎬京西周五號宮室構想復原圖（比例 1：400）

附圖十四：鎬京五號宮室構想復原圖
（本圖引自陝西省考古研究所，《鎬京西周宮室》，西安，
西北大學出版社，1995 年。）

第三節　祖先所參與之大事

由於宗廟是宗族祭祀祖先的聖地,因此它的設置遠比城市本身的營建重要;《禮記・曲禮》載:

> 君子將營宮室,宗廟為先,廄庫為次,居室為後。

上文反映出古人對宗廟建築的重視遠在武裝防禦設施及生活居室之上。周太王遷居到岐山之時,也是先營建宗廟,《詩・大雅・綿》載:

> 乃召司空,乃召司徒、俾立室家,其繩則直,縮版以載,作廟翼翼。

可見宗廟地位之崇高,因此「滅宗廢祀,非孝也」[54]對古人來說,這就是最大的不幸。

在中國的祖先崇拜中,死去的人仍然是家庭的一個成員,他與家庭的關係仍然保持。[55]因此宗廟除了祭祀祖先的功能外,還有許多重要活動也在宗廟舉行,讓祖先得以在宗廟裡參與宗族裡的重要大事。

---

[54] 此語出自《左傳・定公四年》。

[55] 許琅光,《宗族、種姓、俱樂部》(薛剛譯,華夏出版社,1990年版。)頁44。

一、政事告廟

　　凡是與國家政治有關的大事，如天子即位、諸侯、卿大夫接受冊命都會「告廟」，[56]《禮記‧祭統》載：

> 古者明君爵有德而祿有功，必賜爵祿於大廟，示不敢專也。

又《白虎通義‧爵》載：

> 爵人於廟者，示不私人以官，與眾共之義也。封諸侯於廟者，示不自專也。明法度皆祖之制也，舉事必告焉。

有關「告廟」之舉，卜辭、文獻多有記載，例如下列卜辭所載：

> ①乙丑卜，告于父丁，其繪宗。（《合集》32681）
> ②□其途虎方告于大甲，十一月。（《合集》6667）
> （見附圖十五）

---

[56] 西周時代無論是軍事上的出師、授兵、獻捷；外交上的朝聘；政治上的告朔聽政和冊命典禮等無不在宗廟舉行，最能體現西周這一政治特色的是冊命禮，根據齊思和的研究，周人以祖宗為神，故於宗廟中行錫命之禮，他以郭沫若所著之《兩周金文辭大系考釋》為例，指出書中所著錄的西周青銅器有五十五件記有冊命禮，而明確記載行于宗廟的有四十五件。見齊思和，〈周代錫禮考〉，收入《中國史探研》，台北弘文館出版社，民國74年，頁52-53。

③乙亥貞：王其夕令☒侯商于祖乙門。于父丁門令
　☒侯商。（《屯南》1059）[57]

④貞：告土方于上甲（《合集》6384）

⑤癸巳卜，爭貞：告土方于上甲，四月。（《合集》
　6385 正）（見附圖十六）

冊命之禮必須在宗廟裡舉行，乃是因爲「示不敢自專也……
制法度者祖也。」[58]不過任官、賞賜所行的「冊命」也有在
臣下的宗廟舉行的，像「師酉簋」記載周王到吳太廟，冊
命師酉。[59]「盠方彝」記載在某年八月，穆公陪盠在周廟接
受冊命。[60]「此鼎」甲則記載周王在夷王廟內冊命大臣之事。
[61]《左傳》亦載，晉文公、晉成公、晉悼公即位「朝于武宮」，

---

[57]　卜辭裡的「祖乙門」、「父丁門」是指祖乙、父丁宗廟之門。這是
　　卜問於祖乙宗廟之門或於父丁門冊命商爲侯。宗廟之門是宗廟
　　牆垣之門，爲獨立建築，兩側當有塾，故可以行冊命禮。（見朱鳳
　　瀚，〈殷墟卜辭所見商王室宗廟制度〉，《歷史研究》1990 年 6 期，
　　頁 14。）

[58]　原文如下：「天子遣將軍必於廟何？示不敢自專也。獨于祖廟何？
　　制法度者祖也。」（見《白虎通義‧三軍》）

[59]　「師酉簋」記載周王至吳太廟，某公族入右，師酉立中廷，王乎史
　　牆冊命師酉，嗣乃祖啻官邑人虎臣。（見《兩周金文辭大系考釋》
　　頁 96。）

[60]　「盠方彝」記載某年八月初吉，穆公陪同盠在周廟接受冊命，周王
　　命盠掌管王室禁衛軍西六師，王行三有司，兼司六師及八師藝，並
　　賜給命服等。（請見白川靜著，溫天河、蔡哲茂譯，《金文的世界》，
　　頁 111-112）

[61]　「此鼎」甲記載：清晨，王到太室即位，司徒毛叔陪同"此"入太
　　室，立于中廷，王叫史翏宣佈任命「此」的官職是邑人膳夫（請見
　　唐蘭，〈陝西省岐山縣董家村新出西周重要銅器銘辭的譯文和注

到曲沃的始祖武公廟內「告廟」。[62]如《左傳‧桓公二年》載：[63]

> 凡公行，告于宗廟，反行，飲至、舍爵、策勳焉，禮也。

可見諸侯有大事亦需要到宗廟請示和報告。

此外朝聘、會盟、出征、出奔，行前都要舉行「告廟」之禮，《禮記‧曾子問》載孔子曰：

> 天子諸侯將出，必以幣帛、皮圭告于祖禰。

又《左傳‧定公八年》載：

> 子言辨舍爵於季氏之廟而出。

綜上可知，在商周時期，祖先宗廟已具備行政場所之功能。

釋〉，《文物》1976 年 5 期，頁 55。）

[62] 其事見《左傳‧僖公二十四年》；《左傳‧宣公二年》；《左傳‧成公十八年》。

[63] 關於《左傳》這段內容，楊伯峻注曰：「諸侯凡朝天子，朝諸侯，或與諸侯盟會，或出師攻伐，行前應親自祭告禰廟，或者並祭告祖廟，又遣祝史祭告其餘宗廟。返，又應親自祭告祖廟，並遣祝史祭告其餘宗廟。祭告後，合群臣飲酒，謂之飲至。」

二、戎事與獻俘

國之大事在祀與戎，因此與戰事有關事項亦多在宗廟中舉行，例如出師前，先向宗廟祖先請示、受命，或在宗廟裡卜問戰事，例如下列卜辭所示：

①貞，于大甲告舌方出。（《合集》6142）
②乙巳卜，爭貞，叀王往伐舌方，受有祐（《合集》6214）
③□其途虎方，告于祖乙，十一月。（《合集》6667）（見附圖十五）
④庚戌貞，叀王自征旨方。（《合集》33036）
⑤壬午卜，互貞，告舌方于上甲。（《合集》33052）

《禮記・王制》載：

天子將出征，……宜乎社，造乎禰……受命於祖。

又《左傳・閔公二年》載：

帥師者，受命於廟，受脤於社。

此外，作戰策略決定之後，也是在宗廟發佈命令，例如晉國伐宋，「及發令于太廟，召軍吏而戒樂正。」[64]《左傳・

---

[64] 見《國語・晉語》五。《國語・晉語》亦載：「受命於廟，受脤於社，甲冑而效死，戎之政也。」

隱公十一年》載，鄭伯將伐許，五月甲辰「授兵于大宮」，
又《左傳•莊公八年》載：

> 八年春，治兵于廟，禮也。

戰勝後，獻俘禮也多在宗廟舉行，像「小盂鼎」銘文記載
盂在周廟向王獻俘的過程。[65]又「虢季子白盤」銘文也記載
著在周廟「獻馘于王」之事。[66]（見附圖十七）此外「敔簋」
銘文則記載在周太廟「告禽」之事。[67]（見附圖六）《左傳
•襄公十年》記載：

> 晉侯有間，以偪陽子歸，獻于武宮，謂之夷俘。

又《左傳•昭公十七年》載，晉滅陸渾之戎：

> 宣子夢文公攜荀吳而授之陸渾，故使穆子帥師，獻
> 俘于文宮。

上舉內容，皆說明古人在祖先宗廟舉行與戰爭相關之大事。

---

[65] 「小盂鼎」銘文主要記載盂受王命攻克鬼方，戰勝歸告于周廟，接
　　受慶賞之事。這場戰役前後共二次，第一次俘虜多達一萬三千八十
　　一人。這是以俘馘獻于宗廟的一個例子。（銘文內容請見《兩周金
　　文辭大系考釋》頁 35-36。）

[66] 「虢季子白盤」銘文全文共 111 個字，內容記載虢季子奉周王之命
　　抗擊匈奴，砍殺了五百個敵人的首級，抓了五十個俘虜，並割下敵
　　人的耳朵獻給王，王在周廟中賞賜虢季子。見《兩周金文辭大系考
　　釋》頁 103-104。

[67] 請見《兩周金文辭大系考釋》，頁 109-110。

三、其他在宗廟舉行之典禮

《禮記‧冠義》曰：

> 是故古者重冠，重冠故行之於廟。行之於廟者，所
> 以尊重事。尊重事，而不敢擅重事，所以自卑而尊
> 先祖也。

《儀禮‧士冠禮》亦載：「士冠禮，筮于廟門。」可見這種
為慶祝男子成年而舉行的冠禮，必須在宗廟中進行，這也
是在祖先崇拜精神下所產生尊祖的表現。[68]

《禮記‧昏義》載：

> 昏禮者，將合二姓之好，上以事宗廟，而下以繼後
> 世也，故君子重之。是以昏禮，納采，問名，納吉，
> 納徵，請期，皆主人筵幾於廟，而拜迎於門外，入，
> 揖讓而升，聽命於廟，所以敬慎重正昏禮也。

由上文可見，婚禮六禮中的前五項：納采、問名、納吉、
納徵、請期等都要在女方宗廟中舉行。《禮記‧曲禮》亦載：

> 男女非有行媒，不相知名。非受幣，不交不親。故
> 曰、月以告君。齊戒以告鬼神。[69]

---

[68] 按此段話鄭注：「重以成人之禮，成子孫也。」冠禮的儀式由廟門
　　步步入門，經過賓禮，答拜、三讓、即筵、送母、拜兄、易服，才
　　算全部完成。

[69] 這段話鄭玄注曰：「婚禮，凡受女之禮，皆於廟為神席，以告鬼神

又《禮記‧文王世子》載：「娶妻必告」。[70]因此楚公子圍（楚靈王）聘問鄭國，娶妻於公孫段氏，事先「告于莊共之廟」，親迎之時，則從豐氏之祧（公孫段氏的宗廟）「入逆而出」。[71]

　　綜上所述，可知宗廟是商周二代祭祀、政治、軍事等一切禮儀活動的中心。讓祖先預聞或參與大事，甚至對重大事件作出決定，顯示生者對死去祖先的依賴，這正是商周時期祖先崇拜的一個特色，而宗廟即是保存、延續這個特色的重要場所。

　謂此也。」
[70] 鄭玄注曰：「告于君也，亦既告君，必須告廟。」
[71] 見《左傳‧昭公元年》。

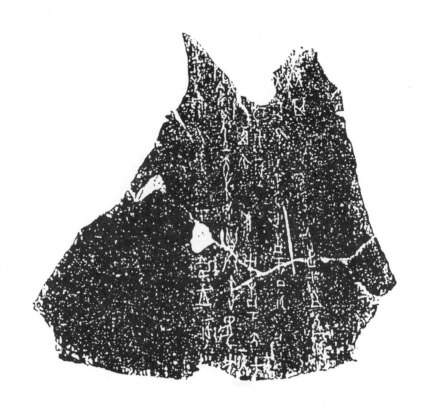

附圖十五：《合集》6667

附圖十六：《合集》6385 正

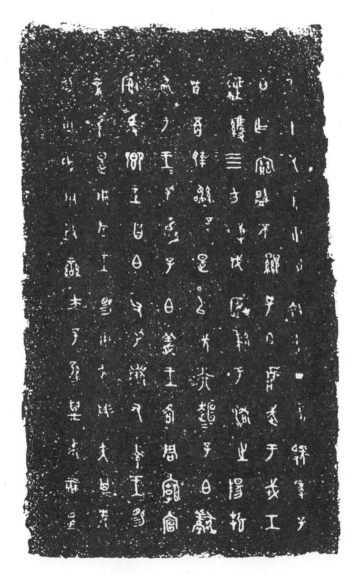

附圖十七：虢季子白盤銘文

第二章　商周對祖先的祭祀

《左傳‧成公十三年》載:「國之大事,唯祀與戎」,且《禮記‧祭統》載:

> 凡治人之道,莫急於禮。禮有五經,莫重於祭。夫祭者,非物自外至者也,自中出生於心也。心怵而奉之以禮,是故惟賢者能盡祭之義。

又《國語‧楚語下》載:

> 王曰:「祀不可以已乎?」觀射父對曰:「祀所以昭孝息民,撫國家、定百姓也,不可以已。……。是以古者先王日祭、月享、時類、歲祀。諸侯舍日,卿、大夫舍月,士庶人舍時。天子遍祀群神品物,諸侯祀天地、三辰及其土之山川,卿、大夫祀其禮,士、庶人不過其祖。……國於是乎蒸嘗,家於是乎嘗祀,百姓夫婦擇其令辰,奉其犧牲,敬其粢盛,潔其糞除,慎其采服,禋其酒醴,帥其子姓,從其時享,虔其宗祝,道其順辭,以昭祀其先祖,肅肅濟濟,如或臨之。於是乎合其州鄉朋友婚姻,比爾兄弟親戚。於是乎弭其百苛,殄其讒慝,合其嘉好,結其親暱,億其上下,以申固其姓。上所以教民虔也。下所以昭事上也。」

由上舉文獻所載內容可知,「祀」不但是國之大事,而且可以「昭孝息民,撫國家、定百姓,……教民虔……昭事上也。」使國家統治穩定,由此可見「祭祀」對古人之重要。上文《國語》所載春秋時期全國上下祭祖的情況,正可提供我們考察商周時期祭祖的情形。本章主要討論商周時期祭祀祖先的情況及其特色。

第一節　商人對祖先的祭祀

《禮記‧表記》載孔子之言曰:「殷人尊神,率民以事神,先鬼而後禮」。因此商人對於祖先之祭祀不餘遺力,故在祭祀祖先方面,呈現出許多的特點,現分述於下。

一、立廟無定制

根據典籍的記載,商王祖先廟數有七廟與六廟二種不同的意見,《禮記‧王制》載:

> 天子七廟,三昭三穆,與大祖之廟而七;諸侯五廟,二昭二穆,與大祖之廟而五;大夫三廟,一昭一穆,與大祖之廟而三;士一廟;庶人祭於寢。

上文漢代鄭玄注曰:

> 此周制。七者:大祖及文武王之祧與親廟四,大祖

后稷。殷則六廟：契及湯與二昭二穆。夏則五廟，
無大祖，禹與二昭二穆而已。[1]

但是近代學者對上述傳統之觀點，多持反對意見，且眾說
紛紜。有學者主張商代廟數無定制；[2]有學者認爲商人是「六
廟制」；[3]亦有學者主張「五廟制」[4]。

　　事實上，據卜辭內容所見，商人爲祖先單獨立廟之先

---

[1]　唐代孔穎達《疏》曰：「鄭氏之意，天子立七廟，惟謂周也。鄭必
知然者，案禮緯稽命徵云：『唐虞五廟：親廟四，始祖廟一；夏四
廟，至子孫五；殷五廟，至子孫六。』鈞命決云：『唐堯五廟：親
廟四，與始祖五；禹四廟，至子孫五；殷五廟，至子孫六；周六廟，
至子孫七。』鄭據此為說，故謂七廟周制也。周所以七者，以文王、
武帝受命，其廟不毀，以為二祧，并始祖后稷及高祖以下親廟四，
故為七也。」

[2]　像王國維以為「殷人祭其先無定制」（見前引文〈殷周制度論〉），
此外，金祥恆（〈卜辭中所見殷商宗廟及殷祭考〉，大陸雜誌20卷
8-10期，民國49年）、黃然偉（《殷禮考實》，台北市，台大文
史叢刊23，民國56年。）、章景明（《殷周廟制論稿》，台北市，
學海出版社，民國68年。）、龔鵬程（〈宗廟制度論略〉，《孔孟
學報》43-44期，民國71年。）、江美華（《甲金文中宗廟祭禮
之研究》，政大碩士論文，民國72年。）、梁煌儀（《周代宗廟祭
祀之研究》，政大博士論文，民國75年。）等人也主張殷代廟數無
定制。

[3]　劉盼遂根據祭法及名號推論，主張殷人為六廟制，六廟之主為上甲、
報乙、報丙、報丁及示壬、示癸。（〈甲骨文中殷商廟制徵〉，《女
師大學術季刊》1期，1930年，頁119-123。）

[4]　張慶以典籍之記載為根據，主張「周朝以前，天子的宗廟為“五
廟”」。（參閱張慶，〈古代宗廟制度簡說〉，《文史知識》1986
年5期，頁59-62）。

公先王有十數位，另有集合數位先公而立廟的情況，現分述於下：

(一)先公先王之宗廟：

1.先公宗廟（上甲以前）：

卜辭所見立廟的先公只有二位，一是夒宗（《粹》4）、（《續存》1.1759）、（《合集》30318）[5]一是襲宗（契宗），例如卜辭「于襲宗，酌，又雨。……」（《甲》779、《合集》30298）及「不雨，襲宗，禾率」（《明續》442）[6]等例。夒與契同時也受祭於右宗：

　　①貞：王其酌夒（襲）于右宗，又大雨（《甲》1259）

　　　（《合集》30319）

5　卜辭「即（鄉）又宗夒，又雨。此又大雨，牛。」（《續》1.1759）
　　與（《合集》30318），二片全文皆似，疑為重片，因《甲骨文合集》
　　未說明其辭出處，因此二片出處皆列出以供參考。「夒」經王國維
　　考釋為「俊」，即帝嚳之名，為契之父。（參閱王國維，〈殷卜辭
　　中所見先公先王考〉，收入《觀堂集林》卷九，台北市，中華書局，
　　民國48年。）乃殷商始祖，故商人祀之。《禮記・祭法》亦載：「殷
　　人帝嚳而郊冥。」

6　「襲」郭鼎堂於《殷契粹編》隸定成「虁」，主張其為人名，乃殷
　　之先公，唐蘭隸定為「虁」，讀為「顒」，金祥恆從字聲入手，主
　　張「襲」為殷之始祖契。「襲」字，即契字，殷之祖廟也。（請見
　　金祥恆，〈卜辭中所見殷商宗廟及殷祭考〉，大陸雜誌20卷8-10
　　期，民國49年。）

②餕（饗）右宗隻，又雨。（《續存》1.1759、《合集》30318）[7]（附圖十八）

2.先王宗廟：

殷代單獨立宗的先王有十多位，像大乙宗（《續存》1.1787）、大丁宗（《懷特》1559）、大甲宗（《屯南》2707）、大庚宗（《屯南》3763）、大戊宗（《屯南》3763）、中丁宗（《續》1.12.6）、祖乙宗（《粹》12）、祖辛宗（《甲》2771）、小乙宗（《戩》5.12）、祖丁宗（《南明》583）、武乙宗（《屯南》3564）、文武丁宗（《契》267）、父己宗（《合集》30302）、父丁宗（《京人》2283）等皆是。（請參閱附表三：殷商先王宗廟表）

附表三：殷商先王宗廟表

先王廟號	出　　　處	備註
唐　宗	（《後上》18.5）（《合集》1339）	疑為重片
大乙宗	（《續存》1.1787）（《懷特》1559）（《合集》	

---

[7] 在卜辭中又有「其東岳，又大雨弜東，即又（右）宗，又大雨」（《合集》30415）之例。由此可知，除了高祖隻、襲（契）外，還有岳可受祭於右宗之內，又卜辭中未見上甲以後的先王受祭於右宗，可見右宗可能是一集合高祖先公廟主之宗廟，而且在卜辭中，高祖、先公通常也不與先王共祭（上甲可能例外），因此有學者以為「右宗」為專祭高祖、先公之宗。（見朱鳳瀚，〈殷墟卜辭所見商王室宗廟制度〉，《歷史研究》1990年6期，頁3-19）也有學者以為右宗即西宗（乃同名而異指），是專祭先公神的場所。（楊升南，〈從殷墟卜辭的“示”、“宗”說到商代的宗法制度〉，《中國史研究》1985年3期，頁3-16）

先王廟號	出　　處	備註
	32868）（《屯南》2707）	
大丁宗	（《屯南》3763）（《懷特》1559）	
大甲宗	（《屯南》2707）	
大戊宗	（《屯南》3763）	
大庚宗	（《屯南》3763）	
中丁宗	（《續》1.12.6）（《合集》38223）	疑為重片
祖乙宗	（《屯南》2707，723） （《合集》27218，33108，34050，34132，34148）	
祖辛宗	（《甲》2771）（《合集》38225）	
祖丁宗	（《屯南》3764）（《懷特》1559）（《南明》583）（《京》4012）（《合集》30323，30301，38226，36082）	
四祖丁宗	（《佚》419）（《合集》38227）	8
小乙宗	（《屯南》287）（《戩》5.12）	
祖甲舊宗	（《寧》1.198）（《合集》30328） 宗父甲（《合集》30365）（《金》202）	9
康祖丁宗	（《南輔》61）（《合集》38228）	康丁
武乙宗	（《屯南》3564）（《合集》36076） 武祖乙宗（《合集》36089）	
文武丁宗	（《契》267）（《合集》36094）文武宗（《合集》36156）	
父己宗	（《合集》30302）（《甲》1227）	疑為重片

8　此處之「四祖丁」指小乙之父祖丁，由於沃丁不見於卜辭，而從報丁、大丁、中丁到祖丁剛好是第四。小乙子武丁，祖庚以後稱祖丁，因此，祖丁宗可能是武丁廟，也可能是小乙之父祖丁廟。

9　宗父甲即父甲宗，這是第三期（廩辛、康丁）常用的一種倒敘方法（請見貝塚茂樹、伊藤道治，《甲骨文字研究》第1812片釋文，東京，同朋舍，1980年）

先王廟號	出　　　　處	備註
父丁宗	（《京人》2283）（《合集》23265）	武丁
文武帝 乙宗	（《岐》11：1）	周原 甲骨

　　此外，商代廟制尚有一特殊現象，此即爲先妣立廟[10]，但是目前所見的卜辭中，僅有妣庚宗（《文》447）及母辛宗（《後上》7.11）、（《懷特》1566）、（《合集》23372）二位。

(二)集合神主的宗廟

1.大宗

①口戍卜，辛亥酒肜自上甲，在大宗（《南明》523）。

②口亥卜，在大宗又升伐三羌，十小宰，自上甲。
（《佚》131）（《珠》631）

2.小宗

③己亥卜，在小宗，又升歲自大乙（《佚》131）
（《珠》631）

---

[10] 根據典籍之記載，為先妣立廟，始自周代。《通典》云：「周祭先妣之廟，四時薦祫祫，與七廟皆祭，樂奏夷則，舞大濩。」，《周禮•大司樂》載：「乃奏夷則，歌小呂，舞大濩，以享先妣」（鄭注：「先妣，姜嫄也，姜嫄履大人跡，感神靈而生后稷，是周之先母也。周立廟自后稷為始祖，姜嫄無所祀，是以特立廟而祭之。」）但今據卜辭為先妣立宗廟之例子可知，殷商時即有為先妣立廟之情況，可見周禮的確因於殷禮。

④己丑卜，在小宗，又勺歲，自大乙。（《合集》
　　34047）[11]（附圖十九）

在商代除了有爲先公先王與先妣單獨設立之宗廟外，亦有
集合祖先神主之「大宗」、「小宗」。[12]由此可見商代沒有毀

---

[11] 由前引卜辭中的「在大宗」、「在小宗」詞彙來看，「在」之下的
　「大宗」、「小宗」是特定地點的名詞，與《禮記》「繼別為宗，
　繼禰者為小宗」中的「宗」、「小宗」之性質不同。《禮記》中的
　「宗」、「小宗」是專有名詞，專指「繼祖者」與「繼禰者」，這
　裡的大宗、小宗乃是大宗廟、小宗廟之簡稱，至於宗廟有大小之分，
　可能是與其宗廟建築的型制、規模有關。有學者以為「大宗」自上
　甲，「小宗」自大乙，先公之祠為大宗，先王之祠為小宗。（參閱
　金祖同，《殷契遺珠》頁 43），又胡厚宣主張大宗即大廟，殷人在
　大廟祭上甲以後之多祖。小宗即小廟，殷人在小廟祭上甲或大乙以
　後之多祖，大宗是合祭直系先祖之所，小宗則是合祭旁系先祖之所。
　（請參閱〈殷代家族婚姻宗法生育制度考〉，收入《甲骨學商史論
　叢》初集，台北市，大通書局，民國 62 年，頁 131-144。）此外董
　作賓在《甲骨學五十年》一書中提到：「在武乙文武丁之世，此時
　恢復武丁時祀典，以上甲大乙為大宗，報乙至示癸為小宗。……宗
　法制度，新舊派也不同，舊派以上甲一人為大宗，報乙至示癸為小
　宗；新派則上甲以下六世均為大宗。………據新派祀典，以世次及
　在位排列順序，一世一人為大宗，大宗須有子承繼王位。」金祥恆
　則認為殷之所謂大宗或小宗，與禮家所言截然不同，殷之所謂大宗
　或小宗，隨時而異，武丁以上甲一人為大宗，報乙至示癸五示為小
　宗，而祖甲革新，自報上甲至示癸六示為大宗，自大乙起為小宗。
　武乙文武丁則以大乙六示為大宗，而以祖甲六示為小宗，大宗須有
　子承繼王者，無則不得為大宗。（參閱金祥恆，〈卜辭所見殷商宗
　廟及殷祭考〉《大陸雜誌》28 卷 8-10 期，民國 49 年。）

[12] 除了上述集合廟主之宗廟外，卜辭裡還有一些類似之名詞，例如「口
　宗」（《甲》1296、《粹》527，有學者將之釋為「帝宗」，但金祥
　恆認為「口宗」為祊宗，而祊宗指報上甲與報乙、報丙、報丁三報。

廟制，否則不會有這麼多位先王單獨立宗的情況出現。此
外，商代在祭祀廟主時，常有數主合祭的情況。[13]例如下列
卜辭所載：

⑤…亥卜，貞：三示御大乙、大甲、且乙五宰。(《佚》
917)

⑥……乙酉又歲于五示上甲、大乙、大丁、大甲、
且乙 (《丙》38)

⑦己亥卜，又自大乙至中丁六示牛 (《合》325)

⑧乙丑……祈自大乙至祖丁九示。(《掇》2.166)

⑨…未卜，祈雨自上甲、太乙、太丁、太庚、太戊、
中丁、且乙、且辛、且丁十示率 (《佚》986)

以上卜辭中的「三示」、「五示」、「六示」、「九示」、「十示」、
都是商人對數個先祖神的集合稱呼。[14]

有關金祥恆之考證，參閱前引文〈卜辭中所見殷商宗廟及殷祭考〉
一文)、「北宗」(《前》4.12.7)、「即宗」(《屯》1116)、
「亞宗」(《後下》271)、「新宗」(《文錄》371)、「秦宗」
(《甲》794)、「𢀛宗」(《京人》102)、「癸宗」(《龜》2.25.3)
等宗廟名，但因資料有限，目前尚無法了解其意義。

[13] 卜辭中，單稱某一位先祖或神主時，除了主壬、主癸外，都不以「某
示」或「示某」稱之，而稱「示」時，大多是祭祀數個祖先神的時
候才會出現；這與現代一人一個神主牌的情形大不相同。又金祥恆
以為元示、二示、三示之「示」者，當如現在之「世」或「代」也，
即一世、二世、三世或一代、二代、三代也。(見〈卜辭中所見殷
商宗廟及殷祭考〉下，頁312。)

[14] 陳夢家稱這種「若干示」為「集合的廟主」。(見《殷墟卜辭綜述》，
頁460。)此外，卜辭裡還有一些「示」名出現，大示(《掇》2.131)

　　如上所述，商代廟數之制，既非典籍所謂之七廟制，亦非如鄭玄等人所言之六廟、五廟制。在卜辭裡，不但先公單獨立廟受祭，先王、先妣亦各立宗廟受祭，而且出現集合多位祖先的神主合祭之宗廟（大宗、小宗等），由此可見商代立廟無定制。

二、受祭對象多，而且祖妣皆受祭

　　立廟祭祀祖先是商代在祭祀祖先方面所具特點之一，殷人尊神，率民以事神；因此商人遍祀先公先王及先

小示（《甲》712）元示、它示（《懷特》898）下示（《屯南》115）卜辭裡的「大示」、「小示」常常出現對貞的情形。大部份學者，皆認為「大示」指直系先王（即有子繼位為王者之先王，無子繼位為王之先王則為旁系。）「小示」指旁系先王。曹錦炎則以為「大示」是指上甲至示癸的六位先祖，小示是指大乙到河亶甲的十三位祖先。（〈論卜辭中的示〉，《吉林大學研究生論文集刊》第一輯，吉林大學出版，1983 年）。晁福林則認為「大示」的範圍一般包括大乙、大丁、大甲、大庚、大戊五位冠以大字的先王。（前引文，〈關於殷墟卜辭中的"示"和"宗"的探討──兼論宗法制的若干問題〉，頁 158-166。）至於卜辭裡的「元示」、「下示」、「它示」等示名所代表的意義，由於資料過少，無法肯定它們的真義。不過「元示」，陳夢家認為指上甲一人，「上下示」與「大小示」是相當的。（《殷墟卜辭綜述》，頁 460，467。）曹錦炎認為「下示」是指祖乙以後的各王。（〈論卜辭中的示〉）楊升南則主張「元示」相當於「大示」，「下示」指未曾即位的諸王之兄弟行。（見〈從殷墟卜辭的"示"、"宗"說到商代的宗法制度〉，頁 3-16。）至於「它示」，根據張政烺的考證，「它示」是指旁系先王。（〈釋它示──論卜辭中沒有蠱神〉，《古文字研究》第一輯，北京中華書局，1979 年，頁 63-70。）

妣，而且在武丁時期，先王舊臣也可袷食於先祖神。例如
下列卜辭所記：

　　①癸酉卜，又伊五示。（《明續》507）

　　②甲申卜，又伊尹五示。（《明續》459）

上文「伊五示」即「伊尹五示」之意，「伊尹五示」中的
「五示」，應是指「上甲」、「大乙」、「大丁」、「大
甲」、「祖乙」的五示。[15]

　　由卜辭之內容來看，殷人在祭祀其先祖先妣時，或採
合祭方式，或採特祭方式，但是在祭祀祖妣之神主時則多
採合祭方式：

(一)特祭

　　所謂特祭就是先公先王或先妣單獨受祭的情況，卜辭
裡單獨立宗受祭的先王有十多位（可參考附表三：殷商先
王宗廟表）以下即是特祭之例：

　　③丙寅卜，賓貞：虫于且乙十白豕？（《前》7.29.2）

　　④甲子卜，貞：武乙宗丁其牢？（《續》1.24.9）

　　⑤□彝在中丁宗？在三月。（《續》1.12.6）

---

[15] 卜辭中尚有「伊又九」、「伊廿示又三」之例：①丁巳卜，又十
立，伊又九？（《合集》32786、32787）②壬戌卜，又歲于伊廿示
又三？（《合集》34123、34124）。稱「伊幾示」，是伊尹和一群
合祭的先王一併祭祀之義。（參閱蔡哲茂，〈伊尹傳說的研究〉一
文，收入李亦園、王秋桂編《中國神話與傳說學術研討會論文集》，
台北，漢學研究中心出版，民國85年，頁264-265。）

⑥甲申卜，即貞：其又于兄壬，于母辛宗。（《後
上》7.9）

(二)合祭

⑦丁未貞：其大禦王自上甲盟用白豭九，三示𦘔牛？
在父丁宗卜。（《合集》32330）

⑧乙未酒𠂤品報甲十、報乙三、報丙三、報丁三、
示壬三、示癸三。大乙十、大丁十、大甲十、大
庚七、燎三□。（《粹》112）

第⑦、⑧兩條卜辭是數位先王合祭之例。

⑨乙未貞：其𦎫自上甲十示又三牛，小示羊？（《合
集》34117）

⑩己丑卜，大貞：于五示告丁、且乙、且丁、羌甲、
且辛（《粹》250）

⑪□戌卜，辛亥酒肜自上甲，在大宗。（《南明》
523）

⑫□亥卜，在大宗又升伐三羌十小宰，自上甲。

己亥卜，在小宗又升歲自大乙（《佚》131、《珠》
631）

第⑨—⑫四條卜辭是集合部分廟主一起合祭的例
子，合祭的地點在「大宗」或在「小宗」。

關於商人祭祀祖先之原則，王國維曾歸納出三項原
則：

(1)商先公先王皆特祭，商世無廟祧壇墠之制。而於
　　先王先公不以親疏爲厚薄。

(2)商先妣皆特祭（卜其妣上必冠以王賓某奭者，所
　　以別於同名之妣）

(3)殷祭（衣祭）乃合最近五世而祀。（特祭時祖無
　　不舉，合祀時，僅及自父以上五世，五世之中，
　　非其所自出者猶不與。）[16]

上文王國維所說的原則，大致符合商代祭祀先祖之情況，
只有合祭一項，尚待商榷。前文曾提及商人在「大宗」或
「小宗」合祭先公先王，例如前舉第⑩條卜辭與下列卜辭
所記：

　　⑬癸卯卜，貞：酻羍乙巳自上甲二十示一牛，二示
　　　羊土燎四戈麀牢四戈豕。（《合集》34120）

　　⑭……乙酉又歲于五示上甲、大乙、大丁、大甲、
　　　且乙（《丙》38）

　　⑮己亥卜，又自大乙至中丁六示牛。（《合》325）

可知商人之合祭祖先非僅及五世而祀，像第⑭條卜辭中，
上甲至且乙，其間有十三世，而第⑩條卜辭中的武丁、小
乙、且丁、羌甲、且辛五王之間，僅隔四世，又第⑬條卜

[16] 參閱〈殷禮徵文〉，收入《王國維先生全集》，台北，大通書局。
（未著出版時間）「卜其妣上必冠以王賓某奭者」之例尚有：①癸
酉卜，行貞：王賓仲丁奭妣癸，翌亡尤？在□（《英藏》1937）②
己巳卜，貞：王賓四祖丁奭妣己肜日，亡尤？（《合集》36261）

辭中的「二十示」，也決不可能僅隔五世。

　　此外文獻所載亦與卜辭所記不同，《穀梁傳‧文公二年》載：

> 祫祭者，毀廟之主，陳于大祖，未毀廟之主皆升，合祭于大祖。

又《禮記‧喪服小記》載：「王者禘其祖之所自出，以祖配之。」《公羊傳‧文公二年》曰：

> 大事者何？大祫也；大祫者何？合祭也。其合祭奈何？毀廟之主，陳于大祖。未毀廟之主，皆升，合食于大祖，五年而再殷祭。

足見文獻所載「合祭」的情況顯然與上文所引卜辭中所載「合祭」的情況不同。[17]

---

[17] 又典籍所載「親盡而祧之制」、「祫祭之禮」，亦與卜辭所見之情形不同；殷人無毀廟遷主之情形前文已證。但卜辭中有淘汰祭祀的現象，如在武丁卜辭中，稱父者有父甲、父乙、父丙、父丁、父戊、父己、父庚、父辛、父壬、父癸等十人，到了第二期卜辭中，只有且甲、且丙、且戊、且庚、且辛、且乙六人享有祭典；這可能是因為時代越後，祭典越繁，不能對已故先王一一遍祭的原故，遂有此淘汰現象，非因親盡而祧。又殷禮無祫祭，但卜辭有選祭與劦祭，其義與祫祭相近。（見黃然偉，《殷禮考實》，頁72-73。）

三、從祭禮繁複到周祭制度

(一)周祭制度形成前之繁複祭禮

　　最早提出卜辭中的祭禮的學者是陳夢家，他將商代卜辭所見的祭名分爲以下七大類三十七種：[18]

　　①祭名而爲記日之名者，有七種：翌日、肜日、肜夕、夕、歲、祀、丁。

　　②以所薦祭之物爲名者，有八種：祭、禘、酒、【禜】、麿、黍、登、叙。

　　③以所祭之法爲名者，有二種：血、燎

　　④祈告之祭，有七種：告、冊、禱、祝、先、兌、桒。

　　⑤合祭，有三種：衣、劦、桒。

---

[18] 另外，祜、尞、彳三種因禮內容不詳，所以未列入。（請見陳夢家，〈古文字中之商周祭祀〉，《燕京學報》19 期，1936 年。）陳夢家是最早自甲文中提出祭禮的一位學者，但是他的論點引起不少學者的反駁，張秉權認爲「艮、遘、兌、先」等字並非祭名，而「屮、又」、「燎、叙」只是一個字而新舊派的不同寫法，「艮巳及祊口」亦是相同情形，「桒」不是合祭。（見張秉權〈殷代的祭祀與巫術〉，收入《中國上古史待定稿》第二本，中央研究院歷史語言研究所出版，民國 74 年，頁 397。）燎（同賣、叙）是火祭的一種（束木焚煙）。例如：①□婦好燎一牛。（《合集》2640）②癸卯貞：其侑于高祖燎六牛。（《合集》32302）。屮（侑）祭是勸食之祭。例如：③貞：屮羌于妣庚。（《合集》440 正）。御祭是祈福消災之祭。例如：④乙未卜，御于妣乙。（《合集》2074）

⑥特殊之祭，有四種：祊、帝、及、燎。

⑦無所屬者，有六種：又、坐、遘、御、龠、戠。

董作賓則根據甲骨片的分期、斷代，將商人對祖先的祭祀分爲新、舊二派：[19]

　　1.舊派的祭典：（武丁、祖庚、文丁時期）

　　①彡、壹、坐（又）、責（叔）、勺、福、歲。

　　②御、匚、冊、帝、竣、告、求、祝。[20]

　　2.新派的祭禮：（祖甲、廩辛、康丁、武乙、帝乙、帝辛時期）

　　③彡、翌、祭、壹、劦。（五祀統）

---

[19] 參閱董作賓，〈殷代禮制的新舊兩派〉（《大陸雜誌》6 卷 3 期，民國 42 年，頁 1-6。）又舊派所祭對象為先公遠祖、先公近祖（如高祖夒、王亥、王恆、季）先王、先賢舊臣（伊尹、黃伊、咸戊）；新派則不祭祀遠祖，但按照排定的日期，順序祭祀，另定五種祀典來祭祀祖先。這五種祀典，董作賓稱之為「五祀統」（即彡、翌、祭、壹、劦等五種祀典，現在通稱為周祭制度）。此即將先王先妣依其世次日干，排入祀典，一一致祭，這五種祀典循序祭祀先王先妣一輪（即一周）所需的時間為三十六旬。（《殷曆譜》，上編卷一，台北市，中央研究院歷史語言研究所出版，民國 34 年，頁 3。）由於近年來，甲骨斷代的研究成果不斷推陳出新，因此有學者對董作賓的文武丁復古和所謂存在新派、舊派之說提出反駁。（請見李學勤，〈論婦好墓的年代及有關問題〉，《文物》1977 年 11 期，〈小屯南地甲骨與甲骨分期〉，《文物》1981 年 5 期。與裘錫圭，〈論『歷組卜辭』的時代〉，《古文字研究》第六輯，北京，中華書局，1981 年。）

[20] 祝祭（新派所無）象人跪禱之形，為祈禱神靈求福祐保護之意。例如：①辛酉卜：王祝于妣己，迺取祖丁。（《合集》19890）

④又（止）、叔（賁）、勺、歲、🉀、𣥂、夕、福、
龠、彡夕、濩。

對於以上所列的祭典，島邦男則認定「祭、𠦪、𥛭、彡、
翌、口、禘、御」等爲祭名，而其餘與祭祀有關者，都是
祀儀。[21]事實上，島邦男所謂的祀儀之名，大多與陳夢家所
說的祭名類同，因此不論這些與祭祀有關的字是用作祭名
或用作祀儀，都不能改變殷代對祖先的祭祀是相當繁複的
這一事實，而這種繁複的祭祀正是殷人崇拜祖先的一種具
體的表現。

(二)周祭制度

商人對祖先的祭祀發展至祖甲時，開始廢棄自盤庚時
期就沿用的舊法而改用新法，不再祭祀上甲以前之先公遠
祖及先臣山川社稷，只祭祀上甲之後的祖妣，並且改採祭
祀方式較爲簡單、規律之周祭制度。

所謂周祭制度，是指殷人以「彡、翌、祭、𠦪、𥛭」
五個祀典，依著一個事先擬定的祭譜，有規律而且定日的
逐次祭祀其先王先妣，而形成一種完整的祭祀週期。這五
個祀典在周祭制度中是一組首尾相貫，連綿不斷舉行的祀
典。[22]「彡」爲伐鼓之祭（其工典亦名彡）；「祭」爲供肉之

---

[21] 島邦男撰，溫天河、李壽林譯，《殷墟卜辭研究》，台北市，鼎文
書局，民國 64 年，頁 256。

[22] 董作賓最早提出時稱之為「五祀統」（見《殷歷譜》），後來陳夢家
稱之為「周祭」（《殷墟卜辭綜述》，頁 386），常玉芝亦沿用此名

祭;「翌」為舞羽之祭;「亩」為進黍稷之祭（奉食之祭）;
「叙」則是最後的大合祭。

　　據學者研究，殷代的周祭制度有三個特點:[23]

　　　　(1)祭祀時選擇日子不同，殷人先王先妣的廟號都是
　　　　　　以十干取名的，而五種祭祀舉行的日子，都必在
　　　　　　所祭先王先妣取名的同干那一天。

　　　　(2)祭祀之前有舉行工典祭的習慣。

　　　　(3)祭祀先妣時，都稱呼其先妣為「祖某奭妣某」，
　　　　　　或「妣某祖某奭」。

　　此外，在周祭制度中，先王的祭祀次序是以其即位世
次為准安排的，不計輩份的高低。但是無論直系、旁系以
及曾立為太子而未繼位的均被祭祀，至於先妣則限定有子
即位或立為太子的才可受祀，唯有直系先王的配偶且有子
即位的先妣方能享祭。先妣受祭的次序是以他們所配先王
的即位次序為準安排的，同一先王之配的先妣是根據死亡
的先後安排的。[24]

　　由於周祭制度是由五個祀典連貫而成，因此學者對於
先王先妣受祭數目、祀序、一周期所需時間及祀首上的看
法多有差異。（請參閱附表四：各家周祭異同表）

　　（見《商代周祭制度》，北京中國社會科學出版社，1987 年）;島邦
　　男（《殷墟卜辭研究》）與許進雄（《殷卜辭中五種祭祀的研究》，
　　台北市，台大文史叢刊23，民國57 年）則稱之為「五種祭祀」。
[23] 見《殷卜辭中五種祭祀的研究》，頁4-15。
[24] 前引書《商代周祭制度》，頁306。

附表四：各家周祭異同表

學者姓名	受祭數目		祀序	一週所需時間	祀首
	先王	先妣			
董作賓	三十三	二十四	十二個旬序	三十六旬	彡
陳夢家	三十四	二十二	十二個旬序	三十七旬	彡
島邦男	三十三	二十五	十一個旬序	三十六旬 三十七旬	祭
許進雄	三十三	二十二	十一個旬序	三十六旬 三十七旬	翌
常玉芝	三十一	二十	十個旬序	三十六旬 三十七旬	翌

四、用牲種類多數量大

商人在祭祀祖先時，多有用牲之情形，所用的犧牲，種類很多，包括牛、羊、豕、犬、牢、宰、吉、人（以上為常見的犧牲）、兕、麋、象、龜（以上為不常見之犧牲），而且用牲數目有時可達千牛、百羊、百豕、百犬、五百牢，甚至亦有用人牲高達千人的情況，例如下列卜辭：

①丁巳卜，爭貞：降曲千牛？不其降曲千牛、千人？（《丙》124）

②甲午卜，又于父丁犬百、羊百、卯十牛？（《京津》4066）

③貞：戎祊用百羊、百犬、百豕？十一月。（《甲》
3518）

④五百牢？（《乙》9098）

⑤三百羌用于祊？（《續》2.16.3）

以上是商人祭祀祖先時用牲之情況，有學者指出：「殷
人的祭祀是以牛、羊、豬甚至人爲牲，獻祭祖先亡靈和自
然神祇。其中以祭祀祖先神靈爲多。……這是把人間精神
和物質兩方面的享受奉獻給死去的祖先作爲討好的方式，
這顯然意味著，祖先在人間的生命結束之後，並沒有消受
爲無，而是仍然以某種形式（靈魂或其他）存在，他們不
僅仍然保持著對人間種種享受的樂趣和能力，而且可以以
直接或間接的方式對人世生活發生影響。基於這種信仰，
人需向祖先獻祭，以求得對人世生活的福佑。」[25]

綜上所述，可知商人在祭祀祖先時，不但爲其先祖先
妣立廟，而且透過繁複的祭禮、大量用牲來祭祀其先祖先
妣。到了商代晚期，商人在祭祖方面已朝輕遠祖重近祖之
趨勢演變，尤其是周祭制度形成之後，商人對祖先之祭祀
已經傾向形式化，卜辭裡合祭的情況增多，專祭則逐漸減
少，此外祀典、用牲也出現逐漸簡化的現象；在第一期卜
辭中，常見大量用牲的現象，例如有五百牛（《合集》39531）
五百宰（《合集》20699）（附圖二十）、千牛（《合集》1027）

---

[25] 陳來，〈殷周的祭祀文化與宗教類型〉，《中國社會科學季刊》1995
年秋季卷，頁115。

（附圖二十一），而第二期時，祭祖用牲最多一次是五十牛（《合集》24508）三十牢（《合集》26052）（附圖二十二），到了第五期，則少見十數以上的用牲。[26]

從祭禮繁複而且祭典種類繁多的情況下，演變成由五種祀典組成的周祭制度，正說明商人在祭祀祖先方面已經走向形式化，不再「尙鬼」，因此宗廟祭禮也隨之而簡化。

---

[26] 根據胡厚宣的統計，武丁時期共用人牲 9021 人，第二期為 622 人，三、四兩期加在一起為 3025 人，第五期僅有 104 人，可見人牲亦呈逐漸減少而且有時是劇減的趨勢。（見〈中國奴隸社會的人殉和人祭〉，《文物》1974 年 8 期。）

附圖十八：《合集》30318

附圖二十二：《合集》26052

附圖十九：《合集》34047

附圖二十：《合集》20699

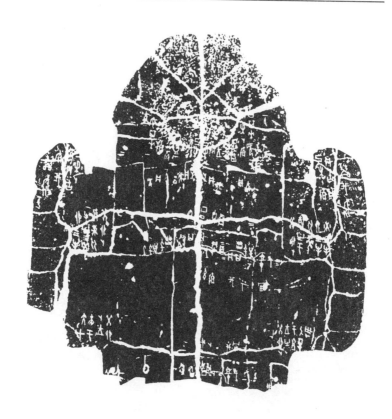

附圖二十一：《合集》1027

第二節　周人對祖先的祭祀

周初，周人對祖先的祭祀，有因襲商人遍祀祖先之跡，《逸周書・世俘解》載：

> 告王天宗上帝……王烈祖：自太王、太伯、王季、虞公、文王、邑考、以列升。薦俘殷王士百人……矢惡臣百人，伐厥四十夫，斷牛六，斷羊二。用小牲羊、犬、豕於百神、水、土，於誓社。……用牛於天於稷五百有四，……

上文記載了武王滅商之後，所舉行的一次告廟獻俘典禮；在宗廟裡，周人遍祀其先王，並使用大量犧牲來祭祀祖先的情況，與商代之祭祀情形相似，這種情況應是周因於殷禮所造成的。又據《尚書》所載，周人營建東都之後的祭祀情況與上述情況全然不同，〈召誥〉載：

> 惟太保先周公相宅，越若來三月……乙卯，周公朝至於洛……越三日丁巳，用牲於郊，牛二，越翌日戊午，乃社於新邑，牛一、羊一、豕一。

〈洛誥〉亦載：

> 周公曰：王肇稱殷禮，祀於新邑。乃命寧予以秬鬯二卣，曰：明禋，……則禋於文王、武王。……戊辰，王在新邑，烝，祭歲：文王騂牛一，武王騂牛

一。……王賓，殺、禋，咸格，王入大室裸。

可見周初周人對祖先之祭祀，與商人無異，但營建成周之後，周人廟祭之禮漸與商人之祭禮有較大的差異，並顯現出周人獨有的特點，以下就其特色分述之：

一、祭祀之特點

(一)遷主毀廟

據文獻所載，周代有「遷主毀廟」之舉，《禮記‧喪服小記》載：

> 別子為祖，繼別為宗，繼禰者為小宗。有五世而遷之宗，其繼高祖者也。是故祖遷於上，宗易於下，……。

上文的「祖遷於上」所指的就是宗廟神主的遷毀，周代一般宗廟神主保留的原則限於五世；因而五世以外的神主必須遷往祖廟與其他祖先神主一起受祭，所以《禮記》才有「祖遷於上，宗易於下」的記載。《公羊傳‧文公二年》載：「毀廟之主，陳於大祖。」對於這段話，何休注曰：「毀廟，謂親過高祖，毀其廟，藏其主于太祖廟中禮。」這是指諸侯將五世以外的神主，遷入太祖廟中。此乃「五世則遷」之義，《大戴禮記‧諸侯遷廟》篇亦載：「成廟將遷之新廟」。至於天子則將親過四世的廟主，依昭穆世次遷入祧廟。《禮記‧祭法》載：

> 天下有王，分地建國，置都立邑，設廟祧壇墠而祭
> 之，乃為親疏多少之數。是故王立七廟，一壇一墠，
> 曰考廟、曰王考廟、曰皇考廟、曰顯考廟、曰祖考
> 廟，皆月祭之。遠廟為祧[27]，有二祧，享嘗乃止。去
> 祧為壇，去壇為墠，壇墠，有禱焉祭之，無禱乃止，
> 去墠曰鬼。

又《穀梁傳・文公二年》，范寧集解云：

> 禮，親過高祖，則毀其廟，以次而遷，將納新神，
> 故示有所加。

由上文可知，周代雖立廟祭祀祖先，但由於時間日久，宗
廟裡的神主越來越多，因此才有遷主毀廟之制產生，目的
在於使所有的祖先都能受到重視、為後代子孫所祭祀；但
又礙於現實狀況（神主日增），才會設計出將四代以外的廟
主全部移入永不毀廟（百世不遷）的太祖廟（始祖廟）之
中，接受後代子孫定期的祭祀。

---

[27] 文中的「祧」字，因使用的情況不同而有不同的解釋，有釋作「遠
廟」，如《禮記・祭法》所載：「遠廟為祧，有二祧焉。」，也有
用作諸侯的始祖廟，例如《左傳・襄公九年》：「以先君之祧處之」
（按：杜預注曰：「諸侯以始祖之廟為祧。」，服虔則注曰：「曾
祖之廟曰祧。」）祧亦可釋為「遷主所藏之廟」《周禮・小宗伯》
載：「辨廟祧之昭穆」（按：鄭玄注曰：「祧，遷主所藏之廟」）。
祧也可用作動詞，為升遷之意，《說文新附》：「祧，遷廟也。」
此外，祭先祖也叫祧，《廣雅・釋天》載：「祧，祭先祖也。」此
處祧用作祭名，另一用作祭名之例為《周禮・宗祧》所載：「其祧
則勳塈之。」（按：鄭注：「祧，祭遷主。」）

周人「尊禮尚施，事鬼敬神而遠之。」[28]故有遷主毀廟之舉，這種廟主遷毀之制，來自祖遠離廟的原則（祖遷于上，宗易於下），乃是配合宗法的「五世則遷」制而形成；由於遷主毀廟易損及祖廟，因此有黝堊之舉，《五禮通考》載：「廟之昭穆遞遷，則有毀壞；毀壞則當有脩除。春秋傳曰：『壞廟之道，易檐可也，改塗可也。』脩除之謂也，祧廟不毀，但當黝堊之，使常新而已。」[29]從這裡也可看出周人崇拜祖先的表現。

(二)排他性

隨著宗法制度的發展，周人對祖先之祭祀出現很明顯的排他性，《左傳‧僖公十年》載：

> 晉侯改葬共大子。秋，狐突適下國，遇大子，大子使登，僕，而告之曰：「夷吾無禮，余得請於帝矣，將以晉畀秦，秦將祀余。」對曰：「臣聞之，『神不歆非類，民不祀非族』，君祀無乃殄乎？且民何罪？失刑、乏祀，君其圖之。」

又僖公三十一年，寧武子也提到：「鬼神非其族類，不歆其祀。」可見，在重視血緣及「同祖」觀念之下，「立異姓，以莅祭祀」[30]無疑是自取滅亡之道。

---

[28] 此語出自《禮記‧表記》。

[29] 參閱《五禮通考》卷五十九引華學泉之話。

[30] 請見《穀梁傳‧襄公六年》。

(三)命祀制

周代由於分封制之實行，周天子在分封諸侯時，除了授土、授民之外，也授予受封諸侯在其封國內的祭祀權，《周禮‧春官‧大宗伯》載：

乃頒祀於邦國都家鄉邑

《周禮‧天官‧冢宰》也載：

以八則治都鄙，一曰祭祀以馭其神。

《墨子‧明鬼》篇追述周初史實時，也提及命祀問題，其文曰：

昔者武王之攻殷，誅紂也。使諸侯分其祭，曰：使親者受內祀，疏者受外祀。

根據文獻的記載，「命祀」成為定制，約於成王、周公時期。《左傳‧僖公三十一年》寧武子曰：

非衛之罪也，不可以間成王、周公之命祀。

《國語‧魯語上》載：

文仲以鬯圭與玉磬如齊告糴曰：天災流行，戾於弊邑，饑饉薦降，民羸幾卒，大懼乏周公、太公之命祀，職貢業事之不共而獲戾。

可見周初「命祀」皆由重臣掌管；而周代「命祀」制度最明顯的特點在於諸侯國的祭祀權與其封土是緊緊聯繫在一起的，因此《禮記》載：「諸侯在其地則祭之，亡其地則不祭。」[31]

(四)立尸祭祖

《禮記‧坊記》載：

> 祭祀之有尸也，宗廟之主也，示民有事也。

由上文可知，在宗廟舉行祭祀大典時，「主」藏在宗廟裡，「尸」則在整個祭祀儀式中，扮演祖先的角色，以象徵祖先之活動。《通典‧禮八‧吉七‧立尸義》引《白虎通》曰：

> 祭所以有尸者，鬼神聽之無聲，視之無形，升自阼階，仰視榱桷，俯視几筵，其器存，其人亡，虛無寂寞，思慕哀傷，無所寫泄，故座尸而食之，毀損其饌，欣然若親之飽，尸醉若神之醉矣。

至於為尸之人選，則由孫為之。《禮記‧曲禮》載：

---

[31] 請見張鶴泉，《周代祭祀研究》，台北，文津出版社，民國82年，頁21。作者又強調「命祀」是周天子利用祭祀控制諸侯國的重要方式，使諸侯服從天子的政令，如有違犯「命祀」之諸侯，天子便對之施行處罰，或施以徵伐或處以刑罰，甚至削地絀爵。「命祀」是周天子借助掌握祭祀權的名義，統治和控制諸侯國的一種重要手段。（見《周代祭祀研究》，頁21-22。）

> 禮曰：君子抱孫不抱子，此言孫可以為王父尸，子
> 不可以為父尸。

〈祭統〉亦載：

> 夫祭之道，孫為王父尸，所使為尸者，於祭者，子
> 行也。

祭祀祖先時，使其孫為尸，可能是因為身為人子之「宗子」，
必需主持祭祀祖考之大典，因此無法再分身為尸，故而使
與祖同昭穆之孫為尸，如此一來，既有子來負責祭祀之事
宜，又有孫可為尸，使祭祖大典順利進行。

(五)用牲尚赤

　　文獻稱「殷人尚白，周人尚赤」[32]，因此周人在祭祀
祖先時，用牲多尚赤，像前文所引《尚書•洛誥》載：

> 王在新邑烝祭歲，文王騂牛一，武王騂牛一。

金文中也有類似記載，像刺鼎銘文載：「用牡」，大簋銘文
曰：用「𤳯羊犅」羊即騂、騂，赤色牲也。犅指公牛。《周
禮•充人》載：

---

[32] 《禮記•檀弓上》曰：「夏后氏尚黑：大事斂用昏，戎事乘驪，牲
用玄。殷人尚白：大事斂用日中，戎事乘翰，牲用白。周人尚赤，
大事斂用日出，戎事乘騵，牲用騂。」又〈明堂位〉載：「夏后氏
牲尚黑，殷白牡，周騂剛。」

> 掌系祭祀之牲牷，祀五帝則系于牢，芻之三月，享
> 先王亦如之。

這段話的意思是說，祭祀先王要選用經過專門芻養的紅色公牛作犧牲。[33]

二、祭禮之種類

周代宗廟之祭禮除文獻所載的禘祭與時祭外，還有金文所見之祭禮等三大類，現分述於下：

(一)禘祭

《禮記・大傳》載：

> 不王不禘，王者禘其祖之所自出，以其祖配之。[34]

由上文可知，在典籍中禘祭專用於王之祭其祖。金文中也有禘祭，而且不只有王行禘祭，連諸侯也行禘祭，像大簋銘文載：「賜芻羊牷，用禘于乃考」；繁卣銘曰：「公禘酓辛公祀」。此外，金文中禘祭的對象都是近祖，例如鮮簋、刺鼎、大簋、繁卣等銘文所記禘禮皆是祭祀近祖。又小盂鼎合禘文武成三代先王，並不稱祫，所以「三年一祫，五年

---

[33] 劉雨，〈西周金文中的祭祖禮〉，《考古學報》1989 年 4 期，頁 497。

[34] 《禮記・喪服小記》所載略同。關於禘，鄭玄曰：「三年一祫，五年一禘」是百王通義。（見《禮緯》鄭玄注。）

「一禘」之說，並非百王通義。[35]總之，禘只是一種祭祖禮，王與諸侯皆可舉行。

(二)時祭

《禮記‧祭統》載：

> 春祭曰礿，夏祭曰禘，秋祭曰嘗，冬祭曰烝。

《爾雅‧釋天》所載時祭之名則與《禮記》不同，〈釋天〉曰：

> 春祭曰祠，夏祭曰礿，秋祭曰嘗，冬祭曰烝。

上述典籍所記時祭之名稱雖有不同，但同樣都記載，這種宗廟祭禮是分別在一年的四季裡舉行，不過天子與諸侯在其宗廟裡所舉行的時祭，因其地位之不同而有差別，《禮記‧王制》載：

> 天子犆礿，祫禘，祫嘗、祫烝。諸侯礿則不禘，禘

---

[35] 前引文，〈西周金文中的祭祖禮〉，頁 495-496。又有將禘禮分為天子宗廟之「大禘」與三年喪畢之「吉禘」的說法，而諸侯所不能行的是「大禘」，並非「吉禘」。（見《甲金文中宗廟祭禮之研究》，頁 69-73）事實上，周代禘祭是從商代禘祭發展而來的，但致祭的對象不再像商代那樣泛雜，而是專用於祭祀祖考的。亦有學者以為：禘的方式有犆禘與祫禘二種，前者為對某一廟主的祭祀，禘于群廟；後者指對集合的廟主的祭祀，禘于太廟。禘是一種不定時的祭祀，禘祭不是天子的專利，各國諸侯、貴族都可行之。（彭林，〈周代禘祭平議〉，收入《西周史論文集》，頁 1036-1049）

> 則不嘗，嘗則不烝，烝則不礿。諸侯礿犆禘一犆一
> 祫，嘗祫，烝祫。[36]

由此可見，天子與諸侯行時祭的明顯差別，就在於祫祭的
次數，天子要多於諸侯，因而天子的時祭禮儀高於諸侯。[37]
至於大夫、士與天子、諸侯行時祭之差別就更大了，《公羊
傳・桓公八年》何休注曰：

> 周代宗廟時祭，天子四祭四薦，諸侯三祭三薦，大
> 夫、士再祭再薦。

(三)金文所見之祭禮

周代金文中所見之祭禮約有二十種，[38]這二十種是

---

[36] 清人孫希旦解釋這段話說：「礿、禘、烝、嘗者，祭之異也。曰犆
曰祫者，祭禮之別也。犆礿者，謂犆祭而為礿也。祫禘祫嘗祫烝者，
謂以祫祭而為禘、嘗、烝也。」（見《禮記集解》）宋人陳道祥云：
「天子春犆，而三時皆祫。諸侯亦春犆，而秋冬皆祫。其異於天子
者，禘一犆一祫而已。禘一犆一祫而嘗烝皆祫，是始年再祫，次年
三祫也。」（見《禮書》卷七十二〈時祭之祫〉）。

[37] 見《周代祭祀研究》，頁150。

[38] 陳夢家列出金文中與周代祭禮相關之衣、帝、䘏、燎、[禁]、肜、祝、
告、先、置、歲、升、喜、柴、牢、禪、翟等十七種祭禮。（見〈古
文字中之商周祭祀〉，頁90-155。），又江美華在陳夢家所列十七
種之上加了六種，變成二十三種，所加之六種為曾、殷、禱、祠、
禴、嘗等。（見《甲金文中宗廟祭禮之研究》，頁24）劉雨則列了
禘、衣、肜、禱、饗、告、禦、叙、報、翟、禋、燎、出、牢、饎、
饋、禴、嘗、烝、関等二十種（見〈西周金文中的祭祖禮〉，頁
495-514。）。由於諸家主張各有不同，而且有許多祭禮只知其名，
而無法詳知其義，因此本文暫取折衷之數「廿種」。

禘、衣、酚、祼、饗、告、禦、饋、報、翟、禋、燎、屮、
牢、饎、叔、禬、嘗、烝、閟等。這二十種不同的祭禮，
有的反映祭祀目的不同，如饗、祼、禦、叔、報；有的反
映祭祀方法的不同，如告、禋、燎、翟、饎、饋、嘗、烝、
閟等。其中禘、衣、酚、祼、告、禦、叔、報、燎、屮、
牢、饎、禬、烝、閟等十五種，在商代卜辭中也有（見附
表五：商周祭禮異同表）。而且祼、禦、燎三種見於周原甲
骨，可見周初幾乎全盤繼承了商人祭祖禮儀之名稱。無怪
乎《尚書•洛誥》載周公曰：「王肇稱殷禮，祀于新邑」此
外，上述十五種商周同名之祭祖禮大多盛行於西周前期（即
穆王以前），這反映出周因於殷禮的另一種情況。

附表五：商周祭禮異同表

祭名	殷墟卜辭	商金文	周原甲骨	西周前期金文
禘	《乙》5707、《戩》5.3			小盂鼎、鮮簋
衣	《後上》20.5、2.7			大豐簋
酚	《佚》115、《粹》76	戊寅鼎		麥方尊、繁卣
祼	《鄴》1.33.6、《乙》4678		H11：8	獻侯鼎、叔卣
饗		戊嗣		呂方鼎、臣辰盂

祭名	殷墟卜辭	商金文	周原甲骨	西周前期金文
		子鼎		（附圖二十三）、辰臣卣
告	《合集》6667、7084			夆方尊、沈子它簋
禦	《後下》6.12、《乙》1394	我方鼎	H11：1	作冊䰧卣、耳口觶
叙	《後上》7.8、《前》1.1.1	我方鼎		
報	《丙》60、《續》2.16.3			矢令簋
燎	《前》6.18.2、《戩》1.2		H11：4 H11：30	小盂鼎、廄伯甗簋（附圖二十四）
出	《前》4.8.3、1.14.1			子尊
牢	《林》1.26.4、《佚》310			貉子卣、呂伯簋
饎				大豐簋
饉		玉戈銘		嘞士卿尊
禴	《後上》4.3、《戩》2.9			臣辰盉、卣
烝	《前》1.15.6、			大盂鼎（附圖二

祭名	殷墟卜辭	商金文	周原甲骨	西周前期金文
	《後上》7.10			十五）、高卣蓋
閟	《京津》4092			頂卣、子卣

附圖二十三：臣辰盉銘文

附圖二十四：郿伯䐗簋銘文

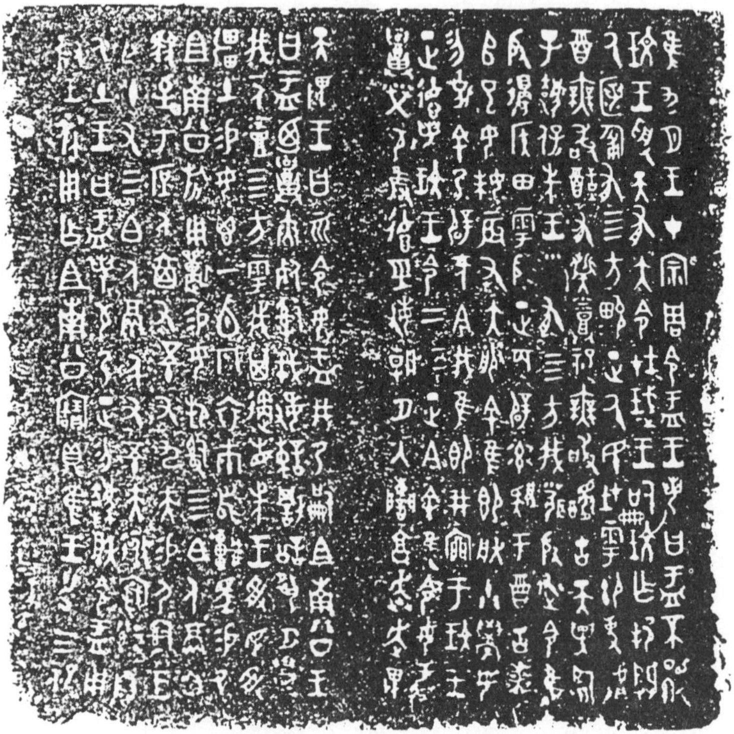

附圖二十五：大盂鼎銘文

第三節　祭祖禮制演變對後世的影響

　　商人在宗廟祭祀祖先時，立廟無定制，所以受祭對象特別多，因此祖妣甚至先臣神都受到祭祀，同時祭禮非常繁複，用牲種類多數量大。到了商代晚期，商人在祭祖方面已朝輕遠祖重近祖之趨勢演變，尤其是周祭制度形成之後，商人對祖先之祭祀已經傾向形式化，卜辭裡合祭的情況增多，專祭則逐漸減少，此外祀典、用牲也出現逐漸簡化的現象。從祭禮繁複而且祭典種類繁多的情況下，演變成由五種祀典組成的周祭制度，正說明商人在祭祀祖先方面已經走向形式化，不再「尚鬼」，因此宗廟祭禮也隨之而簡化。

　　周初，周人對祖先的祭祀，有因襲商人遍祀祖先之跡，《逸周書・世俘解》載：

> 告王天宗上帝王烈祖：自太王、太伯、王季、虞公、文王、邑考、以列升。薦俘殷王士百人，……矢惡臣百人，伐厥四十夫，斷牛六，斷羊二。用小牲羊、犬、豕於百神、水、土，於誓社。……用牛於天於稷五百有四，……

上文記載了武王滅商之後，所舉行的一次告廟獻俘典禮，周人在宗廟裡遍祀其先王，並使用大量犧牲來祭祀祖先的情況，與商代之祭祀情形相似，這種情況應是周「因於殷

禮」所造成的。又據《尚書‧召誥》與《尚書‧洛誥》所
載，周人營建東都之後的祭祀情況與上述情況全然不同。
足見在營建成周之後，周人廟祭之禮漸與商人之祭禮有較
大的差異，並顯現出周人獨有的特點，周人在宗廟祭祖時
則有較強之排他性，而且因親盡毀廟之制而重近祖之祭
祀，祭祖時用牲尚赤，又有「命祀」與「立尸祭祖」之現
象。可見到了周代整個社會觀念已逐漸從重視神事轉向重
視人事，在宗教儀式上也逐漸擺脫其原始性而日趨成熟，
在祭法、祭牲上減少種類，縮小祭祀範圍。但在另一方面，
卻在不斷深化祀典的含義，對祭祀儀式的細節進一步規範
化，甚至有的還有明確的規定，《禮記‧郊特牲》載：

> 籩豆之荐，水土之品也，不敢用常褻味而貴多品，
> 所以交接于神明之義也，非食味之道也。

這種追求內心的虔誠莊敬，而不追求數量種類的多寡，可
以說是周人在祭祀觀念上的一個特點。因此，目前傳世或
已出土之西周青銅器，器銘中極少記載用牲之情況，這正
說明周人的祭祀觀念已發生了變化。[39]

　　從甲骨卜辭的內容來看，商王室祭祖之權集中掌握在

---

[39] 據學者研究，這種變化包括①由重神事轉移到重人事，因而整個祭
祀活動減少了。②重內心而轉外物，祭牲種類多寡減少了。③祭法
進一步程式化。每種祭法有一定的祭牲、對象、時間、地點，所以
僅記載祀典就可以了。參閱文術發，〈從古文字看商周祭祀制度的
演變〉，《西南師範大學學報》26 卷 3 期，2000 年，頁 113。

商王之手。而周天子則因封建制度的關係，把祭祖之權透過命祀制度，分散到各級諸侯手上，這是商周二代在祭祖方面的另一種差異。

　　雖然從表面上觀察，商周二代在宗廟祭祀方面各具特點，並無因襲之跡，但是由商周二代有十多種同名之祭禮的現象來看，周禮的確有因襲殷禮之跡，更何況周初在祭祀祖先時也是遍祀先祖，不過，由商人之遍祀祖先到周人親盡毀廟之舉，正顯示商周文化雖有因襲之跡，但是在商周時期商周文化已經由「因」走向「損益」階段。周人正是在商人祭禮的基礎上，改革並形成周人自己的祭祖禮儀系統，而這一套祭祖禮就成爲後代祭祖的重要依據。

第三章　祖先崇拜下形成的社會組織及其功能

一、宗族與宗法

　　過去學者在討論宗法制度時，皆引用《禮記・喪服小記》、《禮記・大傳》二篇與《白虎通義・宗族》所載內容來闡釋宗法制度。[1]《禮記・喪服小記》上載：

> 別子為祖，繼別為宗，繼禰者為小宗。有五世而遷之宗，其繼高祖者也。是故，祖遷於上，宗易於下。尊祖故敬宗，敬宗所以尊祖禰也。庶子不祭祖者，明其宗也。庶子不為長子斬，不繼祖與禰故也。庶

---

[1] 這三段文獻皆未明白提出「宗法」二字，最早提及「宗法」二字的是北宋學者張載，張載在其著作《經學理窟》中，明確地提到「宗法」二字：「管攝天下人心，收宗族，厚風俗，使人不忘本，須是明譜系世族與立宗子法。宗法不立，則人不知統系來處。……」從上文內容來看，張載所謂的「宗法」即「宗子法」。至於「宗法」之定義則少言及，故而學者對於宗法的內涵時有爭議，由於西學東漸，近代學者在討論宗法制度的定義與其內涵時，常從不同角度及不同學科出發。有關近代學者之定義及討論，可以參考秦照芬，〈殷周宗法制度研究之回顧〉，《簡牘學報》15期，民國82年，頁181-188。

> 子不祭殤與無後者，殤與無後者從祖祔食。庶子不
> 祭禰者，明其宗也。親親、尊尊、長長，男女之有
> 別，人道之大者也。

又《禮記‧大傳》載：

> 君有合族之道，族人不得以其戚戚君位也。庶子不
> 祭，明其宗也。庶子不得為長子三年，不繼祖也。
> 別子為祖，繼別為宗，繼禰者為小宗。有百世不遷
> 之宗，有五世則遷之宗。百世不遷者，別子之後也；
> 宗其繼別子之所自出者，百世不遷者也。宗其繼高
> 祖者，五世則遷者也。尊祖故敬宗，敬宗，尊祖之
> 義也。有小宗而無大宗者，有大宗而無小宗者，有
> 無宗亦莫之宗者，公子是也。公子有宗道，公子之
> 公，為其士大夫之庶者，宗其士大夫之適者，公子
> 之宗道也。絕族無移服，親者屬也。……親親故尊
> 祖；尊祖故敬宗；敬宗故收族；收族故宗廟嚴；宗
> 廟嚴故重社稷；重社稷故愛百姓；……。

《禮記》這兩段所談的都是有關「宗」（大宗）與「小宗」
之傳承情形，其中涉及「遷祖」、「易宗」、「宗道」與相關
問題。由上面引文，可見典籍所提及之「宗法」著重在「尊
祖」、「敬宗」、「收族」這一連貫的實質功能上。換言之，
古人在崇拜祖先的觀念下，透過「尊祖」之心達到「敬宗」
的要求，進而完成「收族」的目的，也就是利用「宗子法」
來規範有血緣關係的「同宗共族」族人的團結，以使政治
穩定、社會安定，當然最終的目的還是在使百姓受益。《白

虎通義‧宗族》則進一步強調、說明「宗」與「小宗」的關係，其文載：

> 宗者何謂也？宗，尊也，為先祖主也，宗人之所尊也。禮曰：宗人將有事，族人皆待。聖者所以必有宗，何也？所以長和睦也。大宗能率小宗，小宗能率群弟通於有無，所以紀理族人者也。宗其為始祖後者為大宗，此百世之所宗也。宗其為高祖後者，五世而遷者也。高祖遷於上，宗則易於下。宗其為曾祖後者為曾祖宗，宗其為祖後者為祖宗，宗其為父後者為父宗。以上至高祖宗，皆為小宗，以其轉遷別於大宗也。別子者，自為其子孫為祖，繼別也，各自為宗。小宗有四，大宗有一，凡有五宗，人之親所以備矣。

由以上三段引文，可知典籍所載皆以「同宗共族」為前提，而後強調「尊祖」、「敬宗」與「收族」，宗法之精神則在於「尊尊」、「親親」、「長長」；換言之，古人之宗法制度其實就是在祖先崇拜的觀念下，以「尊尊」、「親親」、「長長」為其基本精神，發展出一套經由「尊祖」、「敬宗」達到「收族」功能的「宗子法」來約束同一宗族的族人。

　　宗法制度的發展是以宗族組織為其社會基礎，而宗族是基於血緣關係才形成的社會組織。因此宗族之組織、結構及其功能關乎社會之安定。有關「宗族」之義，除了文獻之記載可以用來說明外，近代西方人類學家之觀點也可以參考，現分述於下。

二、文獻之記載

《爾雅‧釋親》言：「父之黨為宗族」。而《白虎通義‧宗族》載：

> 宗者，何謂也？宗，尊也。為先祖主也，宗人之所尊也。……族者何也？族者，湊也，聚也，謂恩愛相流湊也。……生相親愛，死相哀痛，有會聚之道，故謂之族。

又《通典》卷七十三〈禮‧嘉‧九族〉引《白虎通》云：

> 九族者何？族者，湊也，聚也，上湊高祖，下至元孫，一家有吉，百家聚之，合而為親，生相親愛，死相哀痛，有會聚之道，故謂為族。

前已論述「宗」字原義為廟，也就是藏主之所，《白虎通義》釋「宗」為「尊」乃是引申義，由於「宗」是「藏主之所」，故而因尊「祖」引申為「尊」之意，《通典》所引《白虎通》所說：「上至高祖下至元孫」，一共五代同姓，指的即是「一群具血緣關係的人」，「父之黨為宗族」，故這群「具血緣關係的人，上至高祖下至玄孫」其親屬關係是以父系血緣為主。有一父系的共同祖先，同一宗族之成員才能「恩愛相流湊」、「一家有吉，百家聚之，合而為親」。生則相親愛，死則相哀痛，這完全是基於來自共同祖先之血緣關係而形

成的情感。[2]

三、人類學家之觀點

　　近代，西方人類學家以「世系群」(lineage) 來形容中
國之「宗族」，所謂「世系群」是指「出自同一祖先，由單
一的繼嗣系統（父系或母系）延綿而下的後嗣。它並非僅
是一條繼嗣線。只要認定一個遙遠的共祖，即使不能住在
一起，也認作同世系群」。同時人類學家也指出「世系群」
具有以下特性：[3]

---

[2]　劉節以為「宗族」乃指「通婚媾的族屬」，（參閱《中國古代宗族
　　移殖史論》，台北市，正中書局，民國 46 年，台一版，頁 31），此
　　說頗有道理，因宗族成員之所以具血緣關係，主要是因「通婚」繁
　　衍後代，或因「通婚」旁及姻親而形成的。呂思勉則特別強調：「宗
　　與族異。族但舉血統有關係之人，統稱族耳。其中無主從之別也。
　　宗則於親族之中，奉一人焉以為主。主者死，則奉其繼世之人」，
　　呂思勉在這裡已將宗法之義與宗族之義合而一，因此強調宗族主從
　　之別。（請見《中國制度史》，上海教育出版社，1985 年，頁 371）
　　楊希枚以為先秦文獻的姓字古義之一系指「姓族」，即包括同出於
　　一個男姓或女姓祖先的若干宗族（lineage）及其若干家族（uncleat
　　family）的外婚單系親族集團（expgamous unilateral kinship
　　group），而相當於現代人類學的 "gens, clan, or sib"。（參閱
　　楊希枚，〈再論先秦姓族和氏族〉，收入《西周史論文集》，陝西
　　歷史博物館編，陝西人民教育出版社，1993 年，頁 646。）綜上所
　　述，筆者以為同宗族之人必定同姓，具血緣關係。

[3]　見芮逸夫編，《雲五社會科學大辭典》第十冊《人類學》，台北市，
　　台灣商務印書館，民國 60 年，頁 111-112 與宋光宇編譯，《人類學
　　導論》，台北市，桂冠出版社，民國 68 年修訂本，頁 294。

甲、在一種推定的系譜上，一群親屬強調他們的單系
　　連繫。

乙、該群體具有共財性(corporateness)，表現在共同的
　　世俗權利和宗教儀禮的活動上，非該群體之親屬
　　均被排除。

丙、群體內部的認同性(identity)和統一性(unity)的認
　　識強烈。

丁、此團體諸成員的權利和義務有別於其他親屬關係
　　的權利和義務，雖然二者有時會重疊。

戊、雖然此團體的實際人員可能因出生、婚姻、死亡
　　而改變，但它本身是被假定永遠存在的。

己、此群體兼含現有及已故的成員。

上文人類學家所說「世系群」的第二個特性，正符合《左
傳‧僖公十年》狐突所說的觀念，狐突曰：「神不歆非類，
民不祀非族。」至於其他特性則與《白虎通義》所載內容
大致相同。

　　由上文可知，不論自文獻之記載或以近代人類學家對
宗族之定義來看，商周皆已具宗族之特性。而這種宗族之
形成正是來自於一群具血緣關係的人，對賦予血緣關係之
祖先的崇拜所形成。

　　本章主要在說明商周時期，一群具血緣關係的人，在
祖先崇拜的觀念下，所形成之社會組織及其所展現之社會
功能。

第一節　商人的宗族組織與結構

　　有關殷商宗族結構之資料，除了典籍文獻外，還有卜辭及考古發掘之族居、族葬現象可為之佐證，[4]現分述於下：

一、卜辭所見之宗族組織

(一)商人的親屬稱謂

　　卜辭中所見的親屬稱謂，計有祖、父、子、兄、母、妣等。(請參閱附表六：卜辭所見親屬稱謂表，與附圖二十六：卜辭所見宗親範圍圖)這些稱謂主要集中在父系方面，《爾雅‧釋親》曰：「父之黨為宗族」，足見商代已具宗族組織，由這些稱謂也可看出商人之祖孫觀念頗為發達。[5]

---

[4] 古人多是聚族而居，《周禮‧地官》載：「令五家為比，使之相保；五比為閭，使之相受；四閭為族，使之相葬……」，同一宗族之成員生相近，死相迫（即合族而葬）。因此考古所發現的族居與族葬（族墓地）情況，正可用來證明殷商已具宗族組織。

[5] 有關商代親屬之稱謂與家族制度，萬啟揚在其著作〈卜辭所見之殷代家族制度〉（《史學年報》2卷5期，1938年）一文中，提出①殷人的祖先觀念已很發達。②殷人的子孫觀念已產生。③殷代已具備家族親屬的名稱。④殷人的家族觀念已發達等四點來說明殷代已有宗族的組織；以上所引之第①及②、③三點殆無可疑，但是作者在引用卜辭時，常引用一些隸定尚有爭論之字，例如妹、夫、女、妃等字，這些字在卜辭中，大多只用於方國名或其他用法，尚不能肯定用於親屬名稱，因此商代是否已具有妹、夫、女、妃等親屬名稱，有待商榷。

附表六：卜辭所見親屬稱謂表

稱　謂	出　　處	備　註
祖　某	《合集》22101，22191	
高　祖	《合集》37154，37155	
三　祖	《合集》32617，32690	數祖合稱
多　祖	《英藏》1949	
先　祖	（《英藏》2674）、（《庫》1706）	
多先祖	（《合集》38731）、（《佚》860）	
我　祖	（《屯》595）、（《乙》3174）	
后　祖	（《甲》842）、（《粹》401）	
妣　某	《合集》687，22775，27503，35361	
多　妣	《合集》630，685，905	
亞　妣	《合集》974	
二　妣	《合集》4190，32285	數妣合稱
妣　母	《合集》19956，19958	
父　某	《合集》672，27025，30365	
多　父	《合集》2194，6692，13666	
三　父	《合集》930，2330，27417	數父合稱
母　某	（《合集》19763，27590）、（《屯》3161）	
多　母	（《乙》5640）、（《庫》663）	
兄　某	《合集》2873，27609，31993	
多　兄	《合集》2921，23527，32769	
四　兄	《合集》23526，27636	數兄合稱

子　某	《合集》3088，23536，27790，32783	
多　子	《合集》677，23542，27646，34133	
上　子	《合集》14257，14259，14260	
長　子	《合集》27641	
大　子	《合集》3061，3256	
中　子	《合集》3261，21824，27642	
小　子	《合集》151，3266，6653	

附圖二十六：卜辭所見宗親範圍圖

妣	祖	
母	父	
	己	兄
	子	

(二)卜辭所見之「族」

中國古代典籍所見之「族」，所指多是親屬組織，《白虎通義‧宗族》篇載：

> 族者，湊也，聚也，謂恩愛相流湊也。……生相親愛，死相哀痛，有會聚之道，故謂之族。

以上對「族」之解釋，雖非談「族」字之本義，但已引申出「族」所代表的意義了，鄭玄注《周禮‧地官‧大司徒‧族墳墓》時曰：「族，猶類也，同宗者，生相近，死相迫。」

可見「族」在古代大都指親屬組織。

　　甲骨文中的「族」則多與軍事行動有關，[6]如下列卜辭：

①貞：叀畢以王族。（《合集》14916）（附圖二十七）

②貞：呼王族眔版……。（《合集》14913）

③王族其敦尸方邑舊，右左其䇂？（《屯南》2064）

④貞：令多子族眔犬侯撲周，叶王事？（《合集》6813）

⑤多子族卜（《屯南》1132）

⑥叀𠃌（尹）令眔多子族？（《合集》14921）（附圖二十八）

⑦（庚辰卜）殻（貞）：呼子族先？（《合集》14922）

⑧以……子族從？（《合集》14923）

⑨王……令五族戍羌，勿令？其悔？（《合集》28053）

⑩戍荷弗雉王眔？五族其雉王眔？（《合集》26879）

⑪戍卜爭貞：令三族泄職□土，受（有佑）（《合集》6438）

⑫己亥歷貞：三族，王其令追召方，及……（《合集》32815）

6　據丁山之研究，「族」字本義應是軍旅的組織。（請見丁山，《甲骨文所見氏族及其制度》，北京，科學出版社，1956年，頁33-34。）而卜辭中的族有王族、子族、多子族、三族、五族、左族等；另有一種是「族」字前有族名的，如「犬泄族」（《甲研》281）、「㝉族」（《合集》4415）這些「某族」既非王族也非子族，與商代晚期青銅器銘文中的族徽所代表之族一樣，都是商代眾多的「族」之一。

由上文可知，卜辭裡的「族」有「王族」、「多子族」、「子族」、「五族」、「三族」幾種，其中「三族」、「五族」都是集合名詞，三族指三個族，五族指五個族，與《左傳・定公四年》所載：「以殷民六族」之「六族」同義。至於「多子族」應指多個子族。[7]

　　「王族」、「子族」都是商王之同姓親族（子姓），但是「王族」是由在位的商王以其諸親子爲骨幹，而結合其

---

[7] 由於有單稱子族的存在（如《合集》41923），因此「多子族」應解釋爲多個子族較合理，「多子族」是一種合稱。在商代晚期青銅器的銘文中，常見「子」這一稱謂，銘文內容是記「子」賞賜其家族「小子」之事，這裡的「子」與卜辭的「子」同是指商代家族族長們通用的尊稱。（請參閱林澐，〈從子卜辭試論商代家族形態〉，收入《古文字研究》第一輯，北京，中華書局出版，1979 年，頁314-336。）有關家族族長稱「子」之證，裘錫圭曾引《尚書・洛誥》所記周公之語「予旦以多子越御事篤前人成例」，及曾運乾《尚書正讀》釋「多子」爲「大小各宗」來證明族子（宗子）稱「子」。（請參閱裘錫圭，〈關於商代的宗族組織與貴族和平民兩個階級的初步研究〉，《文史》十七輯，北京，中華書局，1983，頁1-26。）可見「子族」之「子」是指一種特定的身份，「子族」之稱在語法上與「王族」之稱同類，「子族」應是指「子」之族。卜辭裡另有「子某」（有時亦可稱作「子」，或單稱「某」）如卜辭：「……卜，出子㞢㞢（有）疾不？」（《合集》23531）、「癸亥卜，出貞，子疾？丁卯，弗㞢（有）疾？」（《合集》23533）。根據學者之研究，在王卜辭中的「子某」不是對所有同姓貴族的稱謂，而只是限於一部份與王有較密切親屬關係的貴族。「子某」之子，在作爲專有名號使用時，「子」實際已具有「王子」這種特定身份的含義，王之子稱「子某」，類似于周代王之子稱「王子某」。因此「子族」即「王子之族」（請見朱鳳瀚《商周家族形態研究》，天津古籍出版社，1990 年，頁 75。）

他近親（如未從王族中分化出去的王的親兄弟與親侄等）組合而成的族氏。「子族」不在「王族」內，[8]「子族」是指某王卒後，一部分未繼王位的親子從他們父王的王族中分出去自己所建立的族氏，亦即「王子之族」。[9]

二、宗氏與分族

文獻中關於殷商宗族結構的資料有《史記‧殷本紀》太史公曰：[10]

> 契為子姓，其後分封，以國為姓，有殷氏、來氏、宋氏、空桐氏、稚氏、北殷氏、目夷氏。……

由上面引文可知殷商子姓之下尚有分支─殷氏等以氏為主之族群，又《左傳‧定公四年》記載衛祝佗追述周初分封情況時提到：

> 分魯公……以殷民六族，條氏、徐氏、蕭氏、索氏、

---

[8] 雖然「子族」意指「王子之族」，如果「子」在卜辭中，僅為表示「王子」身份的稱謂辭，那麼「多子族」就是「王族」，不應有所分別，「子」也是爵稱。（請見張秉權，〈卜辭中所見殷商政治統一的力量及其達到的範圍〉，《歷史語言研究所集刊》50 本 1 分，1979 年。）因此，「子族」雖是「王子之族」但不在「王族」之內。

[9] 卜辭裡還有一些不稱「子某」的貴族所領率的同姓親族，他們都是舊「子族」的后裔。（有關這方面的討論，參閱朱鳳瀚，《商周家族形態研究》，天津古籍出版社，1990 年，頁 36-82。）

[10] 根據《史記索隱》之說，《系本》之子姓無稚氏，而北殷氏作「髦氏」，又有時氏、蕭氏、黎氏等。

> 長勺氏、尾勺氏、使帥其宗氏，輯其分族，將其類
> 醜，以法則周公……分康叔……以殷民七族，陶氏、
> 施氏、繁氏、錡氏、樊氏、飢氏、終葵氏……

上文「使帥其宗氏，輯其分族，將其類醜」這句話，顯示
出殷商之宗族結構至少包含二個層次，此即「宗氏」與「分
族」，但歷來學者對其解釋卻多分歧，現將其說分述於下：

(1)《左傳•定公四年》孔穎達《正義》曰：

> 使六族之長各自帥其當宗同氏。輯，合也。合其所
> 分枝屬族屬也，將其族類人眾以法則周公。

此處「當宗」之「當」，應同於《儀禮•喪服》上所載：「童
子唯當室，總。」（按其《疏》曰：「當室者，為父後承家
事者，為家主。」）故「當宗同氏」[11]應解為宗主之同氏，
因此據孔氏之意，乃是使六族之長各率其宗主之宗氏，並
合其分族。

(2)丁山以為殷商時代的氏族組織，應該是每個宗氏
（即大宗），包涵若干分族（即小宗），每個分族

---

[11] 關於「當宗」之解，朱鳳瀚以為孔穎達《正義》所說：「當宗同氏」
之「當」為「合」，如《莊子•徐無鬼》：「于五者無當也」，當
宗，即宗相合，宗相同，故依孔意 "帥其宗氏" 是令各族長各自率
己之同宗同氏，以同宗同氏之道合其分族。所以他的意思仍是將宗
氏解釋為氏。（參閱朱鳳瀚，《商周家族形態研究》，天津古籍出
版社，1990 年，頁 91-92。）筆者則以為當宗釋為宗主遠較釋為同
宗合理。

之下，有同類的編戶之民；編戶之民之下，就是俘虜的醜夷。[12]

(3)陳夢家則以爲：殷民六族或七族是子姓下的六個、七個同姓的氏族，每個氏族下有若干同宗的宗族（宗氏），宗族下有若干同族的家族（分族）。姓、宗、族是自遠而近的三層，以殷民六族之一蕭氏而言，其層次如下：[13]

子姓——蕭族

殷民——蕭氏——宗氏——分族

同姓——同宗——同族

宗廟——祖廟——禰廟

姓族——氏族——宗族——家族

(4)童書業[14]以爲「宗氏」者，宗族也，有「大宗」率領。分族者，家族之分支，蓋有「側室」、「小宗」等之長率領，與「大宗」相和輯，受「大宗」管轄。

(5)楊伯峻以爲「宗氏，其大宗，即嫡長房之族，分族，其餘小宗之族。」[15]

---

[12] 見丁山，《甲骨文所見氏族及其制度》，北京，科學出版社，1956年，頁37。

[13] 參閱陳夢家，《殷墟卜辭綜述》，北京，科學出版社，1956年，頁497，615-643。

[14] 童書業，《春秋左傳研究》，上海，人民出版社，1980年，頁150。

[15] 楊伯峻，《春秋左傳注》，台北市，源流出版社，民國71年，頁1536。

(6)馬雍則認爲「宗氏」似指每一個「氏」中的家長家
　　族，而「分族」則指家長家族以外的旁系家族。[16]

以上諸說雖異，但皆以爲「宗氏」、「分族」爲上下二個層
次之宗族結構。

　　由前文可知，殷商的宗族是一種多層次的結構，至少
包含「宗氏」與「分族」二個層次的宗族結構。

三、族居與族墓地

(一)族居（族邑）

　　近年來所發現商代之居住遺址，約有下列各處：

①今河南省鄭州白家莊、銘功路西側和紫荆山北，僅
　　在一千二百五十平方公尺的地面就發掘集中的十
　　三座房基，另鄭州商城內城根，僅六條探溝之統
　　計，就有十多座房基。[17]

②鄭州上街，在一處四百平方公尺的面積上發掘九座
　　房基、六個窖穴，五座墓葬。[18]

---

[16] 請見馬雍，〈中國姓氏制度的沿革〉，收入《中國文化研究集刊》(二)，
　　上海復旦大學出版社，1985 年 2 月，頁 158-178。
[17] 河南文物工作隊，〈鄭州商代遺址的發掘〉，《考古學報》1957 年
　　1 期，頁 57。
[18] 河南文物工作隊，〈鄭州上街商代遺址的發掘〉，《考古》1960 年
　　6 期，頁 11-12。

③河南商丘地區的拓城縣孟莊遺址，有房基九座，其中七座集中在二百五十平方公尺範圍內，並有窖穴六個，灰坑三個，冶鑄作坊一個。[19]

④河北藁城台西遺址，發掘出十一座房基集中於五百平方公尺的面積上，而且分佈井然有序。[20]

以上遺址皆屬商代前期。以下則為商代後期：

⑤殷墟發掘房基十一座。[21]

⑥山東平陰朱家橋，一處商代晚期村落遺址，在二百三十平方公尺的地面上，發現廿一座房基，密集分布在遺址的中心區。另一聚居區，在距中心區四十公尺的東邊，這些房基大小相等，推測均為「籬笆牆」。[22]

⑦安陽殷墟徐家橋村北地發掘大型（近五萬平方公尺）商代晚期族邑基址。[23]

---

[19] 中國社會科學院考古研究所河南一隊、商丘地區文管會，〈河南柘城孟莊商代遺址〉，《考古學報》1982 年 1 期，頁 49。

[20] 河北省博物館・文管處，〈河北藁城台西村商代遺址 1973 年的重要發現〉，《文物》1974 年 8 期，頁 44。

[21] 中國社會科學院考古研究所編，《殷墟發掘報告》（1958-1961），北京，文物出版社，1987 年。

[22] 中國社會科學院考古研究所山東隊，〈山東平陰朱家橋殷代遺址〉，《考古》1961 年 2 期，頁 86-93。

[23] 對於這片族邑基址，負責發掘工作的考古隊長介紹說：「族邑基址中，有三座房址連在一起，東西長 40 餘米，還有四座房址組成了 "四合院" 式的圍屋，這在殷墟遺址發掘中極為罕見。多數房址進深均

此外，根據學者以殷墟出土青銅器上之「族徽」銘文進行研究，[24]指出在商代晚期都城安陽殷墟"大邑商"範圍內，不但包含王族城邑（狹義王邑）亦包括其他層層族邑。[25]（參閱附圖二十九：殷墟範圍與殷代遺存分布示意圖，附圖三十：殷墟"大邑商"族邑分布示意圖，附圖三十一：

為3.5米，說明商代後期房屋建築已成定制。」（見新華社2002年8月28日的報導）

[24] 這些內容簡單的殷代金文，郭沫若稱之為「族徽」（請見〈殷彝中圖形文字之一解〉，收入《殷周青銅銘文研究》，北京人民出版社，1954年），容庚在編《金文編》時，將這類金文歸入「圖形文字」，並認為這種文字類似於氏名。（請見容庚，《商周彝器通考及圖錄》，台北，文史哲出版社，民國74年，頁67-76。）。林巳奈夫認為殷代這種內容簡單的金文是圖象記號。（參閱林巳奈夫，〈殷周時代的圖象記號〉，《東方學報》卅九冊，1968年）這些內容簡單的殷代金文，白川靜則稱之為：「圖象形的標識，……使用這種標識只為區別彼此，表示自己的一種行為，即以諸多氏族之一員而標示本族的地位。」（參閱白川靜，《金文的世界》，台北市，聯經出版事業公司，民國70年，頁17。）林澐在肯定殷代金文為「族徽」之餘，又提出「族徽」不是由「姓」構成，而是表示「氏」（族）名的。（請見林澐，〈對早期銅器銘文的幾點看法〉，收入《古文字研究》第五輯，中山大學古文字研究室編，北京，中華書局，1981年，頁35-48。）以上幾種說法，歸納起來，一共只有二種不同說法，一種是認為商末內容簡單，置於文末的金文是一種圖畫文字（或圖形文字），另一種則是認為這些像圖畫的文字，的確是文字而且是一種「族徽」。本文認為「族徽」之說，可以肯定，但是此「族徽」之「族」倒底是屬於何種組織，尚待考訂。以商代已具宗族組織，並已形成至少三個層次宗族結構的現象來看，「族徽」之族，應同於卜辭中的三族、五族之「族」。

[25] 參閱鄭若葵，〈殷墟"大邑商"族邑布局初探〉，《中原文物》1995年3期，頁83-93。

殷墟出土族徽銘文一,附圖三十二:殷墟出土族徽銘文二)

(二)族墓地

商人聚族而葬的現象,可由大量商代墓葬資料來證
實。近年來,已發掘重要的商代墓地計有河南輝縣琉璃閣
(1950－1952年)、安陽大司空村(1953年及1958年兩次
發掘)、殷墟西區(1969－1977年)、安陽後岡(1971年)、
河北藁城台西村(1973－1974年)、殷墟梅圓莊南墓地(1980
－1981年)等地。

其中以殷墟西區墓地佔地面積最大(約三十萬平方公
尺),墓葬數目最多。[26](參閱附圖三十三:殷墟西區第三
區東部墓葬分組圖,附圖三十四:殷墟西區墓地所見族徽
號及其分布情況的說明,附圖三十五:殷墟東、南區墓地
所見族徽號及其分布情況的說明)根據發掘報告之記載:

> 殷墟西區共發現一千零四座商代後期墓葬,已發掘
> 的九百三十九座墓葬佈局為分片集中,可分為八個
> 墓區,各區之間有明顯的界限,墓向、墓式和隨葬
> 的陶器組合,彼此都存在一定的差別(與墓葬年代

---

[26] 由於殷墟範圍內的墓葬非常多,而且各個墓地的墓葬都是成群埋葬
的,可以分為不同的群或組,因此許多學者試圖對殷墟範圍內的墓
葬進行分群、分組,但各家的主張有明顯的差異,有關這類之研究
可以參考葛英會,〈殷墟墓地的區與組〉(收入《考古學文化論集》
2,北京文物出版社,1989年,頁152-183。)及唐際根,〈殷墟家
族墓地初探〉(收入《中國商文化國際學術討論會論文集》,中國
大百科全書出版社,1998年,頁201-207。)二文。

早晚無關），它反映各個墓區在生活與埋葬習俗方面的差異。這說明各個墓區的死者，生前應屬於不同的集團成員，這種不同集團的組織形式可暫稱為「族」，這就是八個不同的「族」墓地。而且，在每個墓區裡面的墓葬，又呈現著成群分佈的特點，即：數座、十幾座甚至二十幾座墓集中在一群。……殷墟西區這片大墓地的各個墓區可能屬於「宗氏」一級組織，而每個墓區中的各個墓群可能是屬於「分族」的。[27]

安陽大司空村在 1953－1954 年內三次發掘，共發現一百六十六座墓葬，均為長方形豎穴土坑墓，形制大小無大的差異。葬俗葬品均大致相同，絕大多數隨葬陶、骨、石器，間有一兩件銅器、玉器，佈局分為東西南北四區，發掘情況說明這四區包括的墓葬至少可以分為十一群。[28]（參

---

[27] 中國社會科學院考古研究所安陽隊，〈1969－1977 年殷墟西區墓葬發掘報告〉，《考古學報》1979 年 1 期，頁 113-117。朱鳳瀚認為發掘報告者對殷墟西區所作"宗氏"（八大墓區）及"分族"（各墓區中的墓群）二級劃分過於簡單，因此又重新分析主要隨葬器物之組合情況，而得出墓區三級親屬組織（即"大群"、"群"、"組"）之劃分，並提出「同類墓葬不一定只有一塊地。」的看法。（有關朱鳳瀚之分析，請見《商周家族形態研究》一書，天津古籍出版社，1990 年，頁 105-123。）朱鳳瀚與殷墟西區發掘者所持之論點雖然不同，但是不論墓區劃分為二級或三級組織，我們都可以肯定：殷墟西區之墓葬區乃是殷人的族墓地（殷人在此合族而葬，而形成一種族葬的情況）。

[28] 馬得志、周永珍、張雲鵬，〈一九五三年安陽大司空村發掘報告〉，

閱附圖三十六：1953 年發掘安陽大司空村商代墓葬分組及坑位圖）1958 年初，大司空村發掘五十一座墓葬，均爲小型墓，[29]分佈比較集中的墓至少可以分爲三群，（參閱附圖三十七：1958 年發掘安陽大司空村商代墓葬分組及坑位圖）據考古學家研究，這些中小墓群往往屬於同一氏族（或家族），因此，上述大司空村諸群墓葬，有可能屬於各個不同的分支。[30]

河北藁城台西商代前期遺址已發掘五十八座墓葬，在 T8（探方 8）的一百平方公尺範圍內有十九座墓葬，而且分佈非常密集，從墓的形制及隨葬品均有差別來看，反映出墓主間的身份有高低，⋯⋯但仍是交錯平列相鄰而存，當是按宗族制度排列墓位的。[31]

河南羅山後李的墓地，位於安陽南約四百七十五公里，在長一百公尺、寬約卅公尺的範圍內清理了十七座商代墓葬，墓室都較大，⋯⋯每一座墓都隨葬有青銅容器，少者二件，多者十七件，還有大量的青銅兵器、工具及玉飾。⋯⋯在七座墓的廿三件銅器上有相同的族徽。⋯⋯這

《考古學報》1955 年 9 期，頁 26。

[29] 河南省文物工作隊，〈一九五八年春河南安陽大司空村殷代墓葬發掘簡報〉，《考古通訊》1958 年 10 期，頁 51。

[30] 請參閱北京大學歷史系考古教研室商周組編，《商周考古》，北京文物出版社，1979 年，頁 94-96。

[31] 河北省博物館・文管處，〈河北藁城台西村商代遺址 1973 年的重要發現〉，《文物》1974 年 8 期，頁 44。

是地方諸侯的家族墓地。[32]這樣性質的墓地在殷墟沒有發現。[33]

綜上所述，由卜辭記載之內容來看，殷商王室親屬之稱謂以父系為主，而且祖孫觀念已頗發達，王室之親屬組織依其與時王之親疏而有「王族」、「子族」二大類。

再者，根據考古發掘所發現之族居、族墓地（族葬）現象，可以證明殷商已具宗族型態，而其宗族結構則可分為「宗氏」、「分族」上下二層之宗族組織。商為子姓，因此殷商之宗族結構至少可分為上中下三層，此即子姓「宗族」之下有「宗氏」，「宗氏」之下又有「分族」。

---

[32] 信陽地區文管會、羅山縣文化館：〈河南羅山蟒張商代墓地第一次發掘簡報〉，《考古》1981 年 2 期，頁 118-111，〈羅山蟒張后李商周墓地第二次發掘簡報〉，《中原文物》1981 年 4 期，頁 4-13。

[33] 見楊錫璋，〈商代的墓地制度〉，《考古》1983(10)，頁 929-934。由於羅山蟒張后李的商代墓葬是貴族墓地（地方諸侯的家族墓地），因此不同於殷墟大墓或平民之小墓。

附圖二十七：《合集》14916

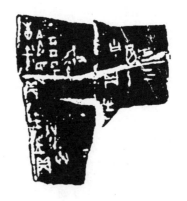

附圖二十八：《合集》14921

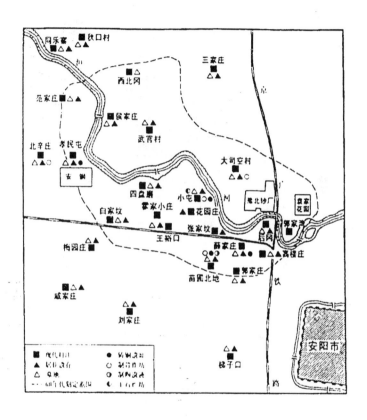

附圖二十九：殷墟範圍與殷代遺存分布示意圖
（本圖引自鄭若葵，〈殷墟“大邑商”族邑布局初
探〉，《中原文物》1995 年 3 期，頁 84）

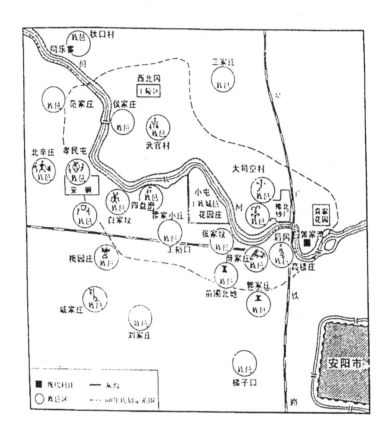

附圖三十：殷墟"大邑商"族邑分布示意圖
（本圖引自鄭若葵，〈殷墟"大邑商"族邑布局初
探〉，《中原文物》1995 年 3 期，頁 86）

附圖三十一：殷墟出土族徽銘文一
（本圖引自鄭若葵，〈殷墟 "大邑商" 族邑布局初
探〉，《中原文物》1995 年 3 期，頁 88）

附圖三十二：殷墟出土族徽銘文二
（本圖引自鄭若葵，〈殷墟“大邑商”族邑布局初
探〉，《中原文物》1995 年 3 期，頁 91）

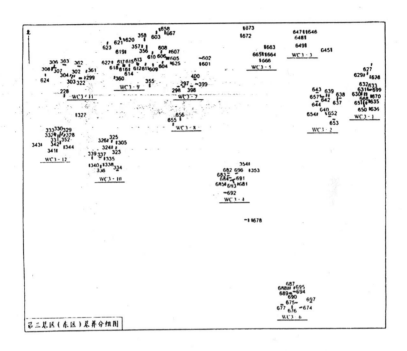

附圖三十三：殷墟西區第三區東部墓葬分組圖
（本圖引自唐際根,〈殷墟家族墓地初探〉,《中國商文
化國際學術討論會論文集》,中國大百科全書出版社,
1998 年,頁 202）

圖一三　殷墟西區墓地所見族徵号及其分布情況的說明

1．第三M區西1組MM727　　2．第三M區西2組M374　　3．第三M區西4組 M793　　4,5．第三M
區西5組M856　　6．第三M區西6組M764　　7．第三M區西2組附B群M699　　8．第三M區西2組附
B群M198　　9．第三M區東1組M697　　10,11,12．第三M區西2組M692，M354　13,14,15．第三
M區西5組M613，M355　　16,17'．第四M區4組M1116，M1118　　18．第四M區1組M216　　19．第
六M區2組M1102　　20,21．第六M區4組M1040　　22,23,24．第七M區北1組M93，M152　　25,26，
27,28　第七M區西1組M907　　29,30,31．第八M區2組M284，M271　　32．第八M區1組M1125

附圖三十四：殷墟西區墓地所見族徽號及其分布
情況的說明

（本圖引自葛英會，〈殷墟墓地的區與組〉，收入《考
古學文化論集》2，北京文物出版社，1989 年，頁 164）

1．大司空北1組M267　　2．大司空東2組M304
3．大司空東1組M312　　4．高樓庄3組M8
另外，大司空紗厂1958年发掘资料中亦有两种族徽号，皆
出于紗厂2組M51。原简报无影制铭文拓片，此依简报原文摹
录。一为鼎铭：“▽Ａ”，一为群铭：“大╱”。

附圖三十五：殷墟東、南區墓地所見族徽號及其
分布情況的說明
（本圖引自葛英會，〈殷墟墓地的區與組〉，收入《考
古學文化論集》2，北京文物出版社，1989 年，頁 165）

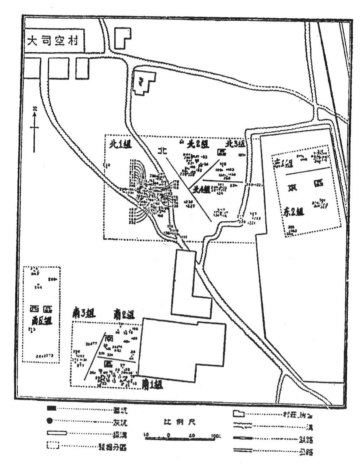

附圖三十六：1953 年發掘安陽大司空村商代墓葬
分組及坑位圖

（本圖引自葛英會，〈殷墟墓地的區與組〉，收入《考
古學文化論集》2，北京文物出版社，1989 年，頁 154）

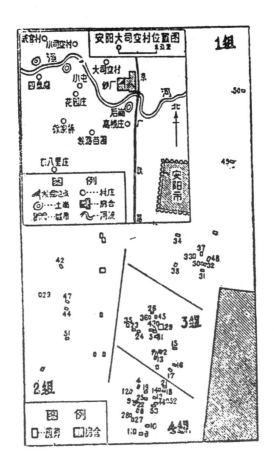

附圖三十七：1958年發掘安陽大司空村商代墓葬
分組及坑位圖

（本圖引自葛英會，〈殷墟墓地的區與組〉，收入《考
古學文化論集》2，北京文物出版社，1989年，頁155）

第二節　周人的宗族組織

宗族是商周社會的基礎與核心，但商周二代宗族的結構各有特點，有關商代宗族的結構，前文已論；下文則討論周代宗族之結構。

一、宗親稱謂

周代的文獻與金文記載許多宗親稱謂，像《爾雅・釋親》一文所載的九十七種親屬稱謂中，就有四十五種屬於宗親稱謂。[34]另外《儀禮・喪服經傳》、《詩經》、《尚書》、《左傳》與金文等都載有相關的宗親稱謂。（請參閱附表七：周代文獻、金文所見親屬稱謂表）根據這些宗親稱謂，可以建構出西周之宗親範圍。（見附圖三十八：金文及西周文獻所示宗親範圍圖）[35]

由上文可知，西周宗族裡的宗親稱謂主要以父系親屬為主，直系宗親上自高祖、曾祖、祖父，下至子、孫、曾孫，旁系宗親則有伯、叔、兄、弟與姑、妹，可見西周的宗親範圍已由直系擴展至旁系，直系宗親稱謂超過五代，

---

[34] 此處之統計根據前引書《周代家庭形態》一書所提之文獻內容統計而成。

[35] 金文及西周文獻所示宗親範圍圖轉引自錢杭，《周代宗法制度史研究》（上海，學林出版社，1991 年）一書，頁 90。

而且已近九族之範圍，到了春秋時期更是九族稱謂具備。
（見附圖三十九：春秋文獻所示宗親範圍圖）[36]

　　春秋時期雖然比西周時期多出二十九種宗親稱謂，但
是整個宗親系統的主幹是在西周時期奠定的。[37]這正顯示周
人已經能夠區分宗親與姻親，並且對於宗親中的直、旁、
長、幼等世代關係都能清楚劃分，因此我們可以肯定周人
的宗族觀念與宗族結構非常發達。

附表七：周代金文、文獻所見親屬稱謂表

親屬稱謂	金文	儀　　禮	爾雅	其他文獻	備註
高祖王父			V		宗親稱謂
曾祖王父		曾祖父	V		宗親稱謂
王父		祖父	V		宗親稱謂
考	V	V	V	V	宗親稱謂
子	V	V	V	V	宗親稱謂
孫	V	V	V	V	
曾孫	V	V	V	V	
玄孫			V		
來孫			V		
昆孫			V		

---

[36] 春秋文獻所示宗親範圍圖轉引自錢杭，《周代宗法制度史研究》（上海，學林出版社，1991年）一書，頁91。

[37] 見錢杭，《周代宗法制度史研究》，頁91。

親屬稱謂	金文	儀　　禮	爾雅	其他文獻	備註
仍孫			V		
雲孫			V		
高祖王母			V		
曾祖王母		曾祖母	V		
王母		祖母	V		
妣	V	V	V	V	
庶母		V	V		
高祖王姑		V	V		
曾祖王姑			V		
族曾王父		族曾祖父	V		
族曾王母		族曾祖母	V		
王姑		父之姑	V		
從祖祖父		V	V		
從祖王母		從祖祖母	V		
族祖王父		族祖父	V		
族祖王母		族祖母	V		
姑	V	V	V	V	用於父輩、己身丈夫之直系親屬
世父		V	V	伯父	
叔父		V	V	叔氏、仲叔	

親屬稱謂	金文	儀　禮	爾雅	其他文獻	備註
叔母		V	V		
從祖父		V	V		
從祖母		V	V		
族父		V	V		
族祖母		V	V		應為祖母
從祖姑		V	V		
族祖姑		V	V		
兄	V	V	V	伯氏、伯兄	
弟	V	V	V	仲氏	
從父昆弟		V	V		
從祖昆弟		V	V		
族昆弟		V	V		
外曾王父			V		母黨稱謂
外曾王母			V		
外王父		V	V		
外王母		V	V		
從母		V	V		
舅		V	妐		己身之母的旁系、己身丈夫之直系親屬
從舅			V		

親屬稱謂	金文	儀　禮	爾雅	其他文獻	備註
從母姊妹			V		
從母昆弟		V	V		
外舅		妻之父	V		妻黨稱謂
外姑		妻之母	V		
甥		姑之子、舅之子	V		己身之妻的旁系親屬、己身之父的姐妹的後裔
姨		V	V	V	
嫂			V		
婦	V		V	V	己身兄弟的配偶、己身子女的配偶
侄		V	V	V	
歸孫			V		
出	妯	甥	V	V	
離孫			V	從孫甥	
私			V	V	
外孫		V	V		
姒		V	V	V	
娣		V	V	V	
姒婦		V	V		

親屬稱謂	金文	儀　　禮	爾雅	其他文獻	備註
娣婦		V	V		
少姑		V	V		婚姻稱謂
兄公			V		
叔			V	V	
女公		V	V		
女妹	V	V	V		
婿		V	V	V	
長婦		V	V		
庶婦		V	V		
亞			V	V	
姻			V	V	
婚			V		
父	V	V	V	V	宗親稱謂
母	V	V	V	母氏	宗親稱謂
夫		V	V	君子	《爾雅》未歸類
妻		V	V	V	《爾雅》未歸類
妾		V	V	V	《爾雅》未歸類
姊		V	V	姊	《爾雅》未歸類

親屬稱謂	金文	儀　　禮	爾雅	其他文獻	備註
女弟		V	V	V	《爾雅》未歸類
女子子		V	V	V	《爾雅》未歸類
昆弟之子		V			《儀禮・喪服》之傳有
昆弟之孫		V			
從父昆弟之子		V			
從祖姊妹		V			
從父姊妹		V			
夫之諸祖父母		V			
夫之祖父母		V			
夫之世		V			
叔父母		V	V		
夫之昆弟之子和女子子		V			
夫之從父昆弟之妻		V			
夫之姑姊妹		V			

親屬稱謂	金文	儀　　禮	爾雅	其他文獻	備註
繼母		V			
慈母		V			
長子		V		大子、冢子、後子	
眾子		V			
庶子		V	V	孼子	
適子		V	V	門子	
庶孫		V			
適孫		V			
適婦		V			
宗子		V	V		宗親稱謂
皇考	V			V	宗親稱謂
丕顯皇考	V			丕顯考	宗親稱謂
文考	V			V	宗親稱謂
穆考	V			V	宗親稱謂
刺（烈）考	V			V	宗親稱謂
祖	V			V	宗親稱謂
皇祖	V			皇祖伯父	宗親稱謂
刺（烈）祖	V			V	宗親稱謂
文祖	V			V	宗親稱謂
高祖	V				宗親稱謂
母弟	V			V	宗親稱謂

親屬稱謂	金文	儀　　禮	爾雅	其他文獻	備註
公（舅）	V				宗親稱謂
諸父	V			V	宗親稱謂
先文祖	V				宗親稱謂
先祖	V				宗親稱謂
嗣祖	V				宗親稱謂
亞祖	V				宗親稱謂
乙祖	V				宗親稱謂
皇文烈祖	V				宗親稱謂
王母	V				皇母、文母（泛指母親）
妹	V	V	V	V	宗親稱謂
女	V				宗親稱謂

附圖三十八：金文及西周文獻所示宗親範圍圖

		高祖	
		曾祖	
	姊	祖	
姑	母	父	伯叔
妹	妻	己	兄弟
		子	
		孫	
		曾孫	

（按：除自己之外，共有十四種親屬稱謂）

附圖三十九：春秋文獻所示宗親範圍圖

				高祖母	高祖				
		族曾祖王母	曾祖王姑	曾祖母	曾祖	族曾祖王父			
	族祖姑	族祖王母	從祖祖母	妣	祖	從祖祖父	族祖王父		
族母	從祖母	伯叔母	姑	母	父	伯叔父	從祖父	族父	
		從祖姐妹	姐妹	妻	己	兄弟	從父昆弟	從祖昆弟	族昆弟
			從父姐妹	女	子	侄	從父昆弟子		
					孫	昆弟子孫			
					曾孫				
					玄孫				
					來孫				
					昆孫				
					仍孫				
					雲孫				

（按：除己之外，共有四十三種親屬）

二、族葬現象

除了上述「宗親稱謂」可說明周代宗族觀念已頗發達外，考古發掘的族葬現象亦可用來佐證。

(一)公墓（王、侯族墓地）

《周禮・春官・冢人》載：

> 掌公墓之地，辨其兆域而為之圖，先王之葬居中，以昭穆為左右。凡諸侯居左右以前，卿大夫居後，各以其族。

上文所指的是王、侯專有的墓地，這些王、侯以族為單位，依照其血緣親疏遠近劃定墓地區域，以行族葬。

周代的王陵至今尚未發現，但已發掘以下幾處侯國族墓地：

①河南浚縣辛村衛國貴族族墓地

這是一處西周至東周初的衛國墓地，整個墓地面積十五萬平方公尺，其中有大型墓八座，中型及中小型墓廿九座，小型墓廿八座，另有車馬坑二座，馬坑十二座。這個墓地是以八座大型墓為主體，大型墓之間的中、小型墓的墓主人大概是大型墓墓主人的從屬，或是其同宗。因為大多數死者都是衛國的貴族，所以這個墓地無疑的是衛國貴

族墓地。[38]

　　②北京房山黃土坡燕國貴族族墓地（參閱附圖四十：
　　　北京房山黃土坡燕國部分墓地坑位圖）

　　這是西周時期的燕國墓地，墓地之一，共有四十一座
墓，約可分為六組；墓地之二，共有十四座墓，車馬坑三
座，可分為二組。這五十五座墓中，有的墓隨葬帶銘文的
青銅禮器，墓主可能是燕國貴族，因此這二片墓地應該是
燕國貴族墓地，墓地裡不同的組群，可能是同一族內不同
分支的族墓。每一組群所屬諸墓，規模大多相似，但有的
組群中卻有一個比較大的墓，其地位顯得稍微突出一些，
有可能是族長或家長之墓。[39]

　　③洛陽龐家溝墓地

　　龐家溝墓地，面積有廿五萬平方公尺，共發掘墓葬四
百餘座，已清理出三百六十七座，隨葬品中有一些銘文記
錄「王妊」、「太保」、「毛伯」、「豐伯」等人名的青銅器，
墓主應是一批宗族顯貴，可以判定這裡為西周王室在洛邑
的高級貴族的墓地。除了兩座帶墓道的墓外，其餘的墓均
為長方形豎穴土坑墓，可分大、中、小三類，墓地墓葬密
集，未曾發現墓葬間有打破的關係，而且葬俗有自己的特
點。[40]

---

[38]　前引書，《商周考古》，頁 192。
[39]　前引書，《商周考古》，頁 193。
[40]　請見洛陽文物工作隊，〈洛陽西周考古概述〉，收入人文雜誌編輯

④河南三門峽市上村嶺虢國墓地（參閱附圖四十一：
　河南三門峽市上村嶺虢國墓地墓位圖）

　　這是西周晚期至東周初期的虢國墓地，總面積五十六
萬平方公尺，已發掘二百三十四座墓，車馬坑四座，馬坑
一座，墓葬規模雖然有大有小，但方向大體一致，排列十
分密集，墓地整個佈局可分爲南、北、中三組，北組最大
的七鼎墓是虢太子墓，伴隨一座五鼎墓和車馬坑；中組有
一座三鼎墓和八座一鼎墓；南組最大的是五鼎墓和車馬
坑，其西邊有兩座三鼎墓，一座二鼎墓和九座一鼎墓。所
有中、小型墓都分別圍繞在這三組大墓的周邊。這批墓葬
中，隨葬青銅鼎的墓約佔十分之一；以上三組的區分，似
可表明這些死者是屬於三個不同的支族，三組中大墓的主
人，可能就是各個支族的族長。[41]

⑤張家坡的井叔家族墓地

　　一九八四年在張家坡發掘的井叔家族墓地，其坑位布
局，時代較早的一代井叔墓居中（M152），時代較晚的兩
座井叔墓（M170 和M156）分列在M152 的左右兩側，這
種布局方式正符合宗法制度下族墓地按「昭穆」制來排列
的情況。[42]（見附圖四十二：1983—1986 年發掘張家坡西周

　　部編，《西周史研究》，西安，人文雜誌社出版，1984 年，頁 355-356。

[41]　前引書，《商周考古》，頁 194。

[42]　參閱中國社會科學院考古研究所灃西發掘隊，〈陝西長安張家坡西
　　周井叔墓發掘簡報〉，《考古》1986 年 1 期。與中國社會科學院考
　　古研究所編著：《張家坡西周墓地》，北京，中國大百科全書出版

墓地北區墓葬坑位圖）

(二)邦墓（庶民族墓地）

「春官・墓大夫」載：

> 掌凡邦墓之地域為之圖，令國民族葬而掌其禁令、
> 正其位，掌其度數，使皆有私地域。

上文所載，令國民族葬的「邦墓」，指的就是一般民眾的族
墓地，在古代的宗族社會裡，已去世的宗族成員皆是「墳
墓相連」，因此「民乃有親」。[43]以下即是幾處「邦墓」：

①陝西寶雞斗雞台的西周墓地

斗雞台西周墓共三十六座，包括早期十八座，中期十
一座，晚期七座，都是小型墓，各墓間都沒有打破關係，
這說明當時埋葬時是經過一番安排的，這一墓群又可分為
二—六墓不等的各組，每組中各墓死者間應有較親近的血
緣關係，他們應該是屬於同一家族的。從全體墓葬來看，
葬制和葬俗都差不多，而且是在同一個墓地上，因此各組

社，1999 年。李自智，〈建國以來陝西商周考古述要〉，《考古與
文物》1988 年 5、6 期，頁 65。根據考古學家的推測，M157 墓主是
一位四十至四十五歲左右的男性，M161 可能是一位四十五至五十歲
的女性，M163 則是一位二十五至三十歲的女性，從三座墓的排列方
式看，很像是異穴埋葬的夫婦墓，M157 的墓主當是一代井叔，其兩
側是其妻室。（參閱中國社會科學院考古研究所灃西發掘隊，〈陝
西長安張家坡西周井叔墓發掘簡報〉，《考古》1986 年 1 期。）
[43] 見《逸周書・大聚解》。

墓群間地存在著較爲疏遠的血緣關係，他們應是屬於同一
較大的家族，這整個墓地應是一個家族墓地。[44]

②長安豐鎬遺址的西周墓地

豐鎬遺址中心區域面積約十五平方公里，灃西張家
坡、灃東普渡村一帶，是兩京範圍內規模最大的公共墓地，
墓地分區規劃，聚族而葬。[45]從考古遺存來看，灃西張家坡
墓地是迄今已發現的西周時期最大的族葬墓地。

一九五五年發掘的張家坡西周墓葬共有一百三十一
座，分佈在四個地點，其中第四地點，有四十八座墓，除
七座中、小型墓外，其餘全是小型墓，第四地點可分爲北、
中、南三部份，從佈局來看，這三部份似乎各自組成一單
元，不過也很難截然分開，它們應該屬於同一家族墓地，
又可能包括三個以上的分支。第一地點共有成人墓五十三
座，車馬坑四座，依其佈局，可分爲六組，都有一定的行
列，或墓向相對，或左右分列。（參閱附圖四十三：長安灃
西張家坡第一地點西周墓葬墓位圖）其中 M166 和南北二
排的東部四墓在八平方公尺範圍內排成一個缺口向西的馬
口形，五個墓的人骨架都是頭對頭，腳對腳，其他早期墓
也有類似現象，看來是一種定制，這樣一墓居中，左右對
列，有可能是按當時所謂的「昭穆」制度來排列的，以上

---

[44]　前引書，《商周考古》，頁 189-190。
[45]　參閱國家文物局編，《中國文物地圖集—陝西省分冊》上冊，西安
　　　地圖出版社，1998 年，頁 104。

六組可能代表了同一家族的六個不同支族的墓地。[46]（參閱附圖四十四：長安灃西張家坡西周早期的一組墓葬分布圖）

③陝西鳳翔西周墓地

陝西鳳翔南指揮村的西周墓地，有二百一十座墓，密佈在南北長 127 公尺，東西長 129 公尺的範圍內，墓葬排列有序，沒有打破關係，推斷應是族葬墓地，即屬於「邦墓」者。[47]

三、宗族與分支

周為姬姓，但武王克商之後，周朝境內除姬姓宗族外，還有一些非姬姓宗族，例如子姓之殷遺民，《左傳·定公四年》衛祝佗追述周初分封情況時提及：

> 分魯公……以殷民六族，……分康叔……以殷民七族，……分唐叔以大路……懷姓九宗。

---

[46] 前引書，《商周考古》，頁 190-192 。上文提及之斗雞台西周墓及此處張家坡西周墓地，由於各族墓地集中墓葬之墓數不少，本文以為應當屬於庶民宗族之族墓地，而非僅是家族之族墓地。灃東鎬京地區的普渡村西周墓地有部分也是屬於這種性質的公共墓地。（參閱盧連成，〈中國古代都城的早期發展階段〉，收入《中國考古學論叢》，北京，科學出版社，1993 年，頁 239。）普渡村西周墓地已經發掘出一些西周貴族的墓葬，著名的西周銅器白姜鼎即出土於普渡村的西周墓地。請見前引文〈西周豐鎬兩京考〉，頁 145。

[47] 〈鳳翔南指揮村西周墓的發掘〉，《考古與文物》1982 年 4 期，頁 15-38。

可見當時非姬姓之宗族仍然存在，而且依然維持其宗族結構，這些非姬姓之宗族，其宗族結構可能未遭改變，唯一改變的是他們的族居區域，或加入姬姓宗族，或遷往他處。例如上文，魯公分得殷民六族，這六族殷民必須隨魯公之宗族遷往魯公所封之區域（魯國），另外七族殷民則隨康叔前往衛國。

至於姬姓宗族，則因氏之不同而有不同的分支，《左傳•隱公八年》載：

> 天子建德，因生以賜姓，胙之土而命之氏，諸侯以字為諡，因以為族，官有世功，則有官族，邑亦如之。

由於同姓之下又有不同的氏，[48]這些氏大多是受命而得的，[49]所以姬姓之下有以氏為主之異氏宗族（即以氏為宗族名

---

[48] 此處所謂「胙之士而命之氏」，對諸侯來說，就是他們的「國姓」（見《春秋大事表》）。其實更準確一點，可稱之為國氏，非姬姓之異姓諸侯則仍以原有的封國名稱為氏，而各封國的諸侯將其各支後裔分封為各級貴族時，這些貴族分別以自己父、祖的字、采邑名稱，官職名稱等為氏。如魯國的眾、展、臧、邱、施、齊國的高、國、崔、慶、東郭等。（前引書，《周代的家庭形態》，頁162-163。）這些封國諸侯的後裔，以父祖相傳之國名為稱而有氏—這就是大氏；又得以己受封之家名為稱而有氏—這是分支的小氏。（有關這種大氏、小氏之區分，請見方炫琛，〈春秋戰國時代國君子孫以"公某"為稱、為氏探論〉，《大陸雜誌》83卷5期，民國80年，頁231。與方炫琛，《周代姓氏二分及其起源試探》，台北市，學海出版社，1988年，頁1，2，31。）

[49] 由於同姓皆具同一血緣關係，而氏有時是因封地得名，因此日本學

號)。這些同姓之下的異氏宗族屬於周代姬姓宗族結構的第
二層。換言之,對於周代所有的姬姓宗族來說,周王就是
他們的大宗(宗子),而這些姬姓宗族就稱周王室爲宗周,
《左傳‧僖公二十四》年載:

> 周公弔二叔之不咸,故封建親戚以蕃屏周。管、蔡、
> 郕、霍、魯、衛、毛、聃、郜、雍、曹、滕、畢、
> 原、酆、郇,文之昭也。邘、晉、應、韓,武之穆
> 也。凡、蔣、邢、茅、胙、祭,周公之胤也。

這些原來都是姬姓宗族成員之一,對於周王室而言,他們
都是小宗,於是他們就成爲姬姓宗族下的分支;但是經過
分封之後,各自成爲其國之宗子(大宗)。此外,《左傳‧
桓公二年》載:

> 天子建國,諸侯立家,卿置側室,士有隸子弟。

又《左傳‧襄公十四年》載:

> 是故天子有公,諸侯有卿,卿置側室,大夫有貳宗,
> 士有朋友,庶人、工、商、皁、隸、牧、圉皆有親
> 暱,以相輔佐也。

者加藤常賢認爲中國古代的姓屬於「血族的氏族」,氏則屬於「領
土的氏族」。(見加藤常賢,《支那古代家族制度研究》,東京,
岩波書店,1940 年,頁 38-41。)本文以爲加藤氏的譬喻很好,只
是「氏族」二字易造成混淆,如改爲「血緣的宗族」(姓)與「領
土的宗族」(氏)或許可以避免引起混淆。

上文裡的天子、公、諸侯、卿、大夫等都是各宗族裡的宗主(宗子)，他們都擁有屬於自己的宗族，這就是所謂的「側室」、「貳宗」；至於士、[50]庶人、工、商、皁、隸、牧、圉也都有屬於自己的宗族或家族。可見，周代的宗族實體是通過分級立宗的分封建置的，其結構呈現出多層次的特點。[51]

《左傳‧襄公十二年》載：

> 秋，吳子壽夢卒，臨於周廟，禮也。凡諸侯之喪，異姓臨於外，同姓於宗廟，同宗於祖廟，同族於禰廟。是故魯為諸姬，臨於周廟；為邢、凡、蔣、茅、胙、祭，臨於周公之廟。

《左傳》這段話，已經把周代貴族宗族結構講得很清楚了，上文中共有姬姓─異氏宗族（吳、魯皆諸姬）─魯之下的異氏宗族分支（邢、凡、蔣、茅、胙、祭）等三個層次的宗族結構。換言之，周天子之下有吳魯等姬姓但異氏分族（奉周天子為大宗），而吳、魯之下又有異氏之分族（邢凡

---

[50] 「士有隸子弟」、「士有朋友」，楊伯峻以為此處之士即宗子，而「隸子弟」即是「朋友」，「朋友」一詞，乃指其同宗或同出師門。（見《春秋左傳注》）朱鳳瀚則根據西周青銅器銘文，認為「朋友」一詞是用來指稱本家的親屬（對親族成員的稱謂指同族兄弟）（見前引書，《商周家族形態研究》，頁308-311。）本文以為「士」當為宗族之宗子，而「朋友」應指其宗族成員。

[51] 周蘇平，〈周代國家形態探析〉，收入《西周史論文集》（陝西歷史博物館編，陝西人民教育出版社，1993年。）頁738。

等六國又奉魯爲大宗）。《左傳·昭公三年》載：

> 叔向曰：晉之公族盡矣。肸聞之，公室將卑，其宗
> 族枝葉先落，則公室從之。肸之宗十一族，唯羊舌
> 氏在而已。

又《左傳·昭公五年》載：

> 羊舌四族，皆彊家也。

這二段資料主要是有關晉國之宗族結構的，晉也是姬姓，根據上文，晉國公室之下有羊舌氏等十一族，而羊舌氏下又有四族，可見晉國之宗族結構至少有三個層次，此即公室—羊舌氏等十一個異氏宗族—羊舌四族。

　　綜合言之，周代在親屬稱謂上已截然劃分出「宗親稱謂」，且考古發掘之族葬現象又有「公墓」及「邦墓」之區分，可見周代因崇拜祖先、重視血緣而有非常發達之宗族觀念。周武王克殷之後，周土境內仍然存在著非姬姓宗族，而這些異姓宗族依舊維持其原有的宗族結構，所不同的只是族居地有所改變而已，這些異姓宗族或居原有故地，或隨姬姓宗族遷往他地。至於姬姓宗族則因分封制度、分級立宗而形成多層次的宗族結構，像前文所舉之魯、晉二國即是最好的例子。

　　周代的宗族結構，至少呈現著姓—氏—分族等三個層次，事實上則因分封而擴展至五個層次，此即天子（姬姓）—諸侯（姬姓異氏，天子之分族）—卿（諸侯之分族）—

大夫（卿之分族）—士（大夫之分族）。姬姓之下的各個分
族都屬於同氏宗族，換言之，姬周之宗族結構是由同姓宗
族層層擴展至無數的異氏宗族分支。[52]

---

[52] 對姬姓來說，這些以氏為宗族名號之宗族，都屬於異氏宗族（雖同
姓但異氏），但對各個異氏宗族裡的宗族成員來說，他們都隸屬於
同一個氏之下。因此個別來看，這些宗族是所謂「同氏宗族」，例
如晉國之羊舌氏，對羊舌四族來說，他們是「同氏宗族」（皆為羊
舌氏）。

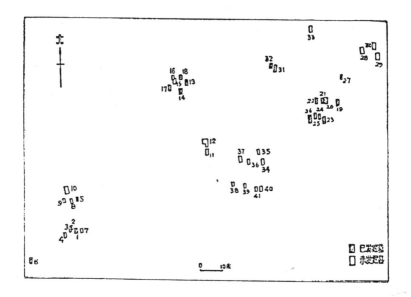

附圖四十：北京房山黃土坡燕國部分墓地坑位圖
（本圖轉引自北京大學歷史系考古教研室商周組編著，《商
周考古》，北京文物出版社，1979 年，頁 193。）

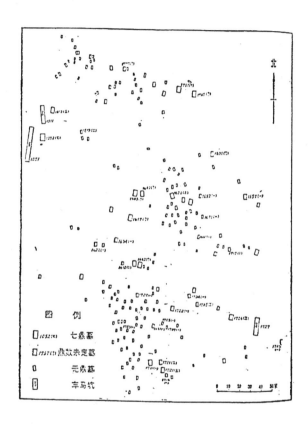

附圖四十一：河南三門峽市上村嶺虢國墓地墓位圖
（本圖轉引自北京大學歷史系考古教研室商周組編著，《商
周考古》，北京文物出版社，1979 年，頁 195。）

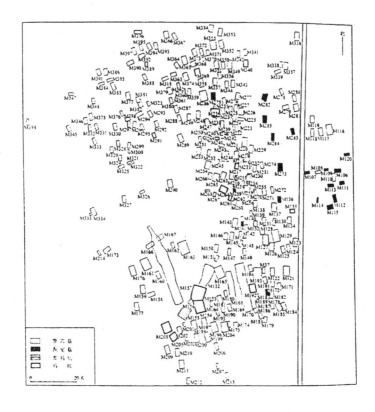

附圖四十二：1983—1986年發掘張家坡西周墓地
北區墓葬坑位圖

（本圖引自中國社會科學院考古研究所編著，《張家坡西周
墓地》，北京，中國大百科全書出版社，1999年，頁5。）

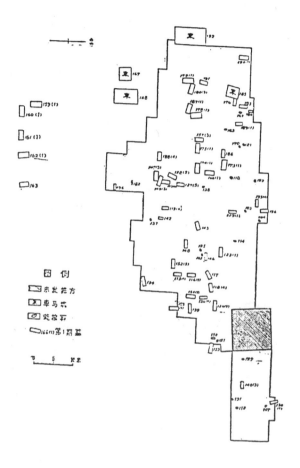

附圖四十三：長安灃西張家坡第一地點西周墓葬
墓位圖
（本圖轉引自北京大學歷史系考古教研室商周組編
著，《商周考古》，北京文物出版社，1979 年，頁 191。）

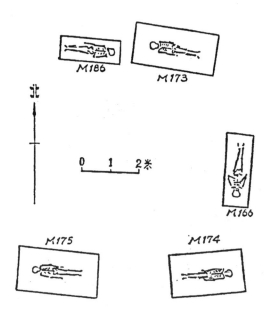

附圖四十四：長安灃西張家坡西周早期的一組墓

葬分布圖

（本圖轉引自北京大學歷史系考古教研室商周組編

著，《商周考古》，北京文物出版社，1979 年，頁 192。）

第三節 收族與事宗

一、大宗之收族

在宗法制度下，繼承祖先（別子）之宗（大宗，宗子）對整個宗族成員負有收族合宗之責任，《禮記•大傳》曰：「君有合族之道」[53]，《儀禮•喪服》傳載：

> 大宗者，尊之統也……大宗者，收族者也。

又《白虎通義•宗族》載：

> 所以必有宗何也？所以長和睦也。大宗能率小宗，小宗能率群弟，通於有無，所以紀理族人者也。

大宗之宗子是宗族裡地位最高的人（尊之統），他統領大宗、小宗之下的所有宗族成員，既「紀理族人」，又「通於有無」，因此《儀禮•喪服》傳載：

> 異居而同財，有餘則歸之宗，不足則資之宗。

可見大宗亦有掌管、支配全族財物之權力與責任。宗族內

---

[53] 有關大宗、合族之重要，到北宋仍有學者提及，蘇軾曰：「今欲教民和親，則其道必始於宗族。……今夫天下所以不重族者，有族而無宗也。有族而無宗，則族不可合，則雖欲親之而無由也，族人而不相親，則忘其祖也。」（《蘇軾文集》卷八〈策別安萬民二〉）

如有吉凶之事，宗子就率宗族成員參加，《通典・禮》三十三引晉賀循宗義曰：

> 若宗子時祭，則告於同宗。祭畢，合族於宗子之家。

此外，宗子對於宗人也有生殺或放逐之權，《左傳・成公三年》，楚許晉大夫知罃歸晉，知罃對楚王曰：

> 以君之靈，纍臣得歸骨於晉，寡君之以為戮，死且不朽；……首其請於寡君，而以戮於宗，亦死且不朽。若不獲命，而使嗣宗職，次及於事……

知罃雖然被楚王釋回晉國，仍可能被晉國君或其宗子治罪，除非宗子赦免他，才可嗣宗職，可見宗子對宗人有生殺之權；《左傳・成公四年》載：「晉趙嬰通于趙莊姬」，因此「（成公）五年春，原、屏放諸齊。」這也是宗子放逐宗人的一個例子。國君如果要放逐人，也要先徵求此人所屬之宗子之同意，《左傳・昭公元年》：

> 五月庚辰，鄭放游楚於吳。將行子南，子產咨於大叔，大叔曰：「吉不能亢身，焉能亢宗？」

由此可見宗子在宗族裡地位之高。

二、宗人之事宗

由於大宗（宗子）乃尊之統，因此宗族成員即使貴富，也不敢以此向宗子誇示，《禮記・內則》載：

> 嫡子庶子只事宗子宗婦，雖貴富，不敢以貴富入宗子之家，雖眾車徒舍於外，以寡約入。子弟猶歸器、衣服、裘衾、車馬，則必獻其上，而後敢服其用次也；若非所獻，則不敢以入宗子之門，不敢以貴富加於父兄宗族。若富，則具二牲，獻其賢者於宗子，夫婦皆齊而宗敬焉，終事而後敢私祭。

此外，宗族成員，有事必定告之宗子，《禮記・曲禮》載：

> 支子不祭，祭必告於宗子。

又《禮記・文王世子》載：

> 五廟之孫，祖廟未毀，雖及庶人，冠、娶妻，必告；死，必赴；不忘親也。

宗人來諮告，宗子必將之書於宗籍，《通典・禮》三十三引晉賀循宗義云：[54]

---

[54] 祖廟所在即大宗之所在。《禮記・文王世子》與晉賀循所謂之告宗例共有冠、宗內祭祀、嫁女、娶妻、死亡、子生、行來、改易名字等八項。可見當時宗人與宗子關係之密切，宗人在生活上對宗子幾乎是事事必告。

> 凡告宗之例，宗內祭祀、嫁女、娶妻、死亡、子生、
> 行求、改易名字，皆告。

大宗如果無後，同宗必須選擇一子來繼承大宗，《儀禮・喪服》傳曰：

> （大宗者，收族者也，不可以絕，故族人以支子後
> 大宗。）……何如而可為之後？同宗則可為之後。
> 何如而可以為人後？支子可也。

宗人還有為宗子服喪以示尊祖敬宗之表現，《儀禮・喪服》載：

> 丈夫、婦人為宗子，宗子之母妻。傳曰：何以服齊
> 衰三月也，尊祖也。尊祖故敬宗，敬宗者，尊祖之
> 義也。宗子之母在，則不為宗子之妻服也。[55]

綜上所述，可知身為宗子（大宗）在宗族之中地位尊貴，卻負有合宗、收族之責任，宗子必須照顧族人的生活，但也有權力決定族人之生殺與放逐，而族人（宗人）對其宗子，生老病死不但事事必告，且須為宗子母妻服喪，而大宗無後嗣時，宗人尚須擇一子為大宗之繼者；可見因宗法制度之實行，宗族就在大宗之合宗收族、負起部份社會

---

[55] 此處所謂宗子乃繼別之後，百世不遷之大宗。可見宗人為宗子服喪亦是事宗之道。

責任，[56]與宗人之事宗下，上下有序，而由宗族構成之宗法
社會，也就趨於安定。

---

[56] 關於大宗之收族，形同負擔部份社會責任這一點，方苞也曾提過：
「……蓋古者國子弟，卿大夫之田祿既足以仁其族，而四民各有職
業。其待大宗之收恤者，不過鰥、寡、孤、獨、廢疾、無大功之親
者而已。」（參閱《方苞集集外》卷八〈柏村吳氏重建宗祠記〉）

第四章　對祖先的厚葬與追思

　　在宗廟裡祭祀祖先，是體現生者崇拜與之有血緣關係的祖先的重要行爲之一；至於安葬甚至厚葬長輩死者則是另一種崇拜祖先的具體行爲。「廟」與「墓」同爲崇拜祖先的中心，但二者的宗教含義和建築形式則大相徑庭。「廟」是集合性的宗教中心，而墓葬則屬於死者個體及其家庭成員，「廟」與「墓」最重要的區別在於二者崇拜對象的不同，前者的主要崇拜對象是遠祖，後者則奉獻給近親。[1]幾千年的喪葬史表明，人們對自己的祖靈是虔誠供奉的，他們常把最珍貴的器物隨葬于死去的祖先的墓下。如果他們不是相信這些隨葬物會被死者享用，是不會有隨葬之舉的。[2]因此透過考古發掘墓葬內隨葬品的豐富程度也可一窺先民對祖先崇拜之情況。

　　此外商周時期宗廟裡的青銅祭器，大都鑄刻有追念、告慰祖先與示知後世子孫之銘文，不但尊祖之觀念被賦於

---

[1] 有關廟、墓二者對祖先崇拜所具意義及其差異，請參閱巫鴻，〈從 "廟" 至 "墓"〉，收入《慶祝蘇秉琦考古五十五年論文集》，北京，文物出版社，1989 年，頁 98-110。

[2] 見楊淑榮，〈中國考古發現在原始宗教研究中的價值和意義〉，《世界宗教研究》1994 年 3 期，頁 88。

青銅祭器上，同時作器者的榮耀與功勳也隨著祭器之寶藏
而永存於世，由此可見古人透過鑄於青銅祭器上之銘文來
傳達其對祖先崇拜之情。故本章分別就厚葬觀念及青銅器
銘文內容來介紹商人、周人對祖先之追思、榮耀與崇拜。

第一節　商人之厚葬祖先

　　目前已發掘之商代墓葬，從性質來看，屬於族墓地之
墓葬群較多，例如藁城台西村商墓群、西北岡之王陵區（商
王室之族墓地）、殷墟西區八大墓區、羅山后李墓群（貴族
族墓地）等皆是。此外還有一些墓葬形制高於其他墓葬之
貴族墓葬與一般中小型墓葬。

　　這些商代的墓葬由於大小不一，因此墓的結構及墓中
隨葬器都有些微之差異。大型墓一般有墓道，其中有四條
墓道的大墓也有二條墓道的墓，像殷墟西北岡之王陵，墓
呈「亞」字形，亞字形墓有四條墓道，墓室面積可達四百
平方公尺，深度可達十二公尺；此外安陽武官村附近有一
種「中」字形墓，有二條墓道，墓室長方形，面積一百多
平方公尺，深度在八公尺以上；這些大墓墓底一般都有腰
坑，腰坑內有殉狗，同時有「二層台」存在。[3]中型墓大多

---

[3]　所謂二層台是指槨室與墓室土壁之間的填土，經過夯打所形成的平
　　台。（請見王仲殊，〈墓葬略說〉，《考古通訊》1955 年 1 期，頁
　　56-70）一般商代墓葬內的二層台，除了有熟土夯打成的二層台，也
　　有一些是生土二層台；生土二層台之形成是「墓穴直挖下去，近底

有一墓道，形狀如「甲」字形，稱爲甲字形墓。[4]中型墓與
大型墓構造類似，都有腰坑及二層台，整個墓葬可以分爲
墓道、墓室、槨室、腰坑等幾部份。小型墓構造比較簡單，
僅有一個長方形的墓室（長方形豎穴墓），一般長約 2.5 公
尺，寬約 1 公尺，沒有墓道，形狀像個目字，又被稱爲目
字形墓，這些小墓結構雖然簡單但仍有腰坑，墓坑中的塡
土也經過夯打。至於葬具方面，大型墓、中型墓都有棺、
槨，槨室多由木板構成，而且個別大墓裡還出現槨室頂部
蓋有雕花、塗朱的木板來裝飾槨室；小墓則多用木棺或蓆
作爲葬具。

　　至於墓中最能窺見奉獻給祖先以表崇拜心情之隨葬
品則視墓葬大小而有豐、簡之差異，商墓出土的隨葬品，
大部份是墓主生前實用的器物，也有少數是專爲隨葬而作
的明器。一般大型墓的隨葬品，種類繁多，但以青銅器爲
主，器類多爲鼎、卣、尊、爵、觚、簋等青銅容器，而以
觚、爵的組合最爲常見；還有戈、矛、刀、鉞、矢鏃等青
銅兵器，與各種車馬飾具等。陶器則以白陶爲主，此外還
有各種石、玉、骨製品飾物。另外西安老牛坡、安陽殷墟
及山東前掌大等地之大型商墓還有隨葬之車馬坑出土。至
於中、小型墓的隨葬品較簡略，中型墓多有青銅器隨葬，

　　的部份四周留下土台，稱生土二層台。」（參閱周永珍，〈殷代墓
　　葬形式〉，《考古通訊》1955 年 6 期，頁 43。）換言之，熟土二層
　　台與生土二層台，最大的差別在於前者經過夯打，後者未經夯打。
[4]　前引文〈墓葬略說〉，頁 57。

但小型墓只有陶器隨葬，早期墓多用鼎、豆、甕、盆、盤、爵、觚、角、盉、罐等，中期墓多用鬲、斝、簋、盆、罐、甕，晚期墓則有鬲、豆、罐、盂、簋、盤、觚、爵等，少數小型墓中有觚、爵等少量青銅器。此外，中、小型墓中亦常見石器。（請參閱附表八：商代墓葬隨葬品概況表，附表九：商代車馬坑概況表）

附表八：商代墓葬隨葬品概況表

墓葬地點	時期	墓葬規模	隨葬品				資料出處
			陶器	青銅器	玉器	其他	
鄭州白家莊 C8M3	商早	中、小	2	9			《文物參考資料》1955年10期
鄭州白家莊 C8M2	商早	小	1	10	3	石器2、蚌飾1、象牙梳1	《文物參考資料》1955年10期
鄭州白家莊 C8M8	商早	小	4				《文物參考資料》1955年10期
鄭州二里岡 M23	商早	小	2			石器1	《鄭州二里岡》1959年
鄭州銘功路 W2	商早	小	3	7	4	原始青瓷1、蚌珠1、綠	《考古》1965年10期

墓葬地點	時期	墓葬規模	隨葬品				資料出處
			陶器	青銅器	玉器	其他	
						松石3、珠砂	
鄭州 CWM8	商早	小	4			珠砂	《考古》1965年10期
鄭州二七路 M1	商早	小		9	10	珠砂、石器9、骨器6	《文物》1983年3期
鄭州二七路 M2	商早	小	3	5	2	珠砂、石器4	《文物》1983年3期
湖北盤龍城李家嘴 M2	商早	大	數件	63	數件	綠松石、木器（青銅禮器23、武器40）	《文物》1976年2期
李家嘴 M1	商早	中	2	10			《文物》1976年2期
湖北盤龍城樓子灣	商早	中、小		1		（M1）	《文物》1976年2期
湖北盤龍城樓子灣	商早	中、小		2		（M2）	《文物》1976年2期
湖北盤龍城樓子灣	商早	中、小		3		（M5）	《文物》1976年2期

墓葬地點	時期	墓葬規模	隨葬品				資料出處
			陶器	青銅器	玉器	其他	
湖北盤龍城樓子灣	商早	中、小		8		（M4）	《文物》1976年2期
湖北盤龍城楊家灣	商早	小	✔			偶有1青銅器	《文物》1976年2期
薰城台西村	商早	112座墓	墓內隨葬器物主要可以分為銅器（106件）、陶器（81件）、骨角器（40件）、玉石器（39件）、漆器（4件）、蚌貝器（15件）、卜骨（11件）				《薰城台西商代遺址》1985年
輝縣琉璃閣	商中	中1，小52	墓內隨葬器物主要可以分為陶、銅、玉石、骨角、蚌器及海貝、金葉等，以陶器數量最多。				《大百科考古學卷》1986年
輝縣琉璃閣	商中			4		（M148）	《大百科考古學卷》1986年
劉家河商墓	商中			18	2	金器5	《大百科考古學卷》1986年
西安老牛坡	商中	中7，小31	2	3		（M33）銅鏃6	《文物》1988年6期

墓葬地點	時期	墓葬規模	隨葬品				資料出處
			陶器	青銅器	玉器	其他	
西安老牛坡	商中	中7，小31	3			（M4）硃砂	《文物》1988年6期
西安老牛坡	商中	中7，小31		3		（M25）玉1、貝3	《文物》1988年6期
安陽西北岡大墓	商晚	13座，皆有墓道	大墓均被盜過，青銅器發現不多，青銅車馬器、兵器、工具數量多，還有一些玉、石、骨、角、牙、蚌、白陶、黃金等殘器或殘片。				《中原文物》1981年3期
安陽武官村大墓	商晚	二墓道（中字形大墓）	隨葬品有青銅器十數件、玉器5、石雕器數件及白陶器。				《考古》學報第五冊1955年
殷墟婦好墓	商晚	大	隨葬品有青銅器（468件）、玉器（755件）、石器、骨器、象牙器、綠松石雕、陶器、蚌器，多達1928件，另有6800件貝。				《殷墟婦好墓》1980年

墓葬地點	時期	墓葬規模	隨葬品				資料出處
			陶器	青銅器	玉器	其他	
殷墟	商晚	302座墓	隨葬品有陶器、青銅禮器、兵器、工具、樂器、玉、石佩飾、貨貝。其中甲字形墓有青銅器、漆器、白陶器和龜甲片等隨葬。				《殷墟發掘報告》1987年
大司空村（M6）	商晚	中、小	4			骨貝器1	《殷墟發掘報告》1987年
大司空村（M22）	商晚	中、小	3	10			《殷墟發掘報告》1987年
大司空村（M12）	商晚	中、小		4			《殷墟發掘報告》1987年
大司空村（M3）	商晚	中、小	10		1	石器1	《殷墟發掘報告》1987年
大司空村（M24）	商晚	中、小	5		1		《殷墟發掘報告》1987年

墓葬地點	時期	墓葬規模	隨葬品				資料出處
			陶器	青銅器	玉器	其他	
山東蘇埠屯 M1	商晚	四墓道（亞字形）	此墓雖曾被盜，但還有青銅容器、青銅兵器、工具、陶器、石器、玉器、綠松石、金箔、骨戈形飾、骨圓形飾、骨簪、和貝 3790 枚。				《文物》1972 年 8 期
山東滕縣前掌大 M214	商晚	中字形	隨葬品有銅器、陶器（4）、玉器（1）、石器、骨蚌、貝器、釉陶、綠松石等數百件。				〈中國文物報〉1989.3.10
滕縣前掌大 M203	商晚	甲字形	高約 60 公分之嵌蚌片漆牌飾				〈中國文物報〉1989.3.10
安陽郭家庄西M160	商晚	中型長方形豎穴墓	隨葬物共 352 件，有青銅器（293 件，其中禮器有鼎、甗、簋、瓿、尊、罍、斝、方形器、觶、斗、盉、角、盤、卣等14 類共 41 件）玉器（34 件）、陶、石、骨、牙、竹、漆等器類。				《考古》1991 年 5 期
滕縣前掌大 M210	商晚	甲字形	嵌蚌片漆牌飾				《考古學報》1992 年 3 期

墓葬地點	時期	墓葬規模	隨葬品				資料出處
			陶器	青銅器	玉器	其他	
安陽殷墟花園庄村東M54	商晚	大型長方形豎穴墓	青銅器（200餘件，禮器共40件，有圓鼎、方鼎、簋、甗、爵、方尊、牛尊、罍、瓿、方罍、盂、方彝、觥、斗、勺等）、玉器、石器、陶器、骨器、蚌器、竹器、象牙器、金箔、貝類等各類文物570餘件。				《尋根》2001年4期

附表九：商代車馬坑概況表

時代	發掘時間	發掘地點	長x寬－深，公尺	車	馬	人	其他	資料出處
商代晚期	1953	安陽大司空村 M175	3.8x3.5-2.75	1	2	1		《考古學報》第九冊，1955年
商代晚期	1959	安陽孝民屯M1	3.45x3.3	1	2	1		《考古》1977年1期
商代晚期	1959	安陽孝民屯M2	破壞不明	1	2			《考古》1977年1期
商代晚期	1966	安陽大司空村 M292	3.4x3.15-0.65	1	2	1		《考古》1972年4期
商代晚期	1972	安陽孝民屯M7	3.3x3.05-1.7	1	2	1		《考古》1977年1期

時代	發掘時間	發掘地點	長×寬一深，公尺	車	馬	人	其他	資料出處
商代晚期	1972	安陽白家墳M43	3.38×（2.34-2.96）-1.95	1	2			《考古》1972年4期
商代晚期	1972	安陽白家墳M151	3.2×3.34	1	2			《考古》1972年4期
商代晚期	1972	安陽白家墳M150	3.06×3.18-11.65		2			《考古》1972年4期
商代晚期	1977	安陽殷墟西區M698南墓道		1	2	1		《考古學報》1979年1期
商代晚期	1981	安陽孝民屯M1613	（3.38-3.62）×（3.12-3.45）-1.5	1	2			《考古》1984年6期

時代	發掘時間	發掘地點	長×寬－深，公尺	車	馬	人	其他	資料出處
商中晚期	1986	西安老牛坡M27	3.55×2.6-0.4	1	2			《文物》1988年6期

　　從上列墓葬隨葬概況及車馬坑的資料，我們可以推測商人因崇拜祖先而對祖先奉獻豐厚，已形成厚葬祖先的觀念。

第二節 周人對祖先之厚葬

截至目前為止，已發掘的西周墓葬總數已超過二千座，主要分佈在陝西省西安、扶風、岐山、寶雞，河南省洛陽、浚縣，北京市昌平、房山以及長江下游等地區。[5]但是中原地區的西周墓葬和長江下游地區的西周墓葬，不論在形制上或隨葬品上都有很大差異。[6]

中原地區的西周墓葬以長方型豎穴土坑墓為主。一般大型墓都有一條（甲字形墓）或二條（中字形墓）墓道，例如浚縣辛村、北京琉璃河都有類似的大墓，[7]小墓則只有墓室而無墓道。中原地區的墓葬有不少墓底有腰坑，內埋一狗。中型墓的結構則與小型墓類似，只是中型墓墓室較大，隨葬品較小型墓豐富。在葬具方面，西周墓葬的葬具以木質棺為主，一般大、中型墓有棺有槨，木槨大都在墓底架兩根枕木，再在枕木上縱舖方木構成槨底，槨室四壁

---

[5] 見中國大百科全書《考古學卷》編輯委員會編，《中國大百科全書•考古學卷》，北京，中國大百科全書出版社，1986 年，頁 564。

[6] 請見張之恆、周裕興，《夏商周考古》，南京，南京大學出版社，1995 年，頁 233-238。

[7] 參閱郭寶鈞，《浚縣辛村》，北京，科學出版社，1964 年。《中國考古》（安金槐主編，上海古籍出版社，1992 年），頁 283-284。中國社會科學院考古研究所、北京市文物工作隊琉璃河考古隊，〈1981－1983 年琉璃河西周燕國墓地發掘簡報〉，《考古》1984 年 5 期，頁 405-416。

用榫卯結構的方木壘成，其上橫舖方木爲槨蓋，棺木則置於槨室之中，大型墓往往有數重棺槨，中型墓多爲一棺一槨，小型墓則多數有棺無槨，另有極少數小型墓不見木棺痕跡。[8]

　　至於墓中最能窺見奉獻給祖先以表崇拜心情之隨葬品則視墓葬大小而有差異。中原地區西周墓葬隨葬品以陶器、青銅禮器爲主，大型墓裡常出現成套青銅禮器，器類有鼎、鬲、甗、簋、簠、瓿、爵、觶、尊、卣、壺、鑑、盤、匜等，組合則以鼎、簋爲核心，西周晚期的墓葬，隨葬的酒器類大大減少，而食器類數量增加。[9]小型墓葬隨葬品以陶器爲主，器形有鬲、罐、簋、尊、壺、豆、盂等。西周早期墓隨葬陶器的組合以鬲、簋、罐爲主，個別的墓另加豆、尊、壺、瓿。西周晚期陶器組合則爲鬲、盂、豆、罐四種。（參閱附表十：西周墓葬隨葬品概況表）

　　此外，隨葬車馬坑是西周時期中原地區大型墓葬和部份中型墓葬之特色，早期車馬坑往往將車輿連馬匹一起埋入坑中，少者一車二馬，多者可達十數輛車或數十匹馬，到了晚期，車馬坑就單用馬匹而不以車輿隨葬。（請參閱附表十一：西周車馬坑概況表）

　　至於長江下游的西周墓葬以土墩墓爲主，土墩墓不挖墓穴，只在平地堆土起墳埋葬，像屯溪的土墩墓先在平地

---

[8]　見北京市文物管理處，〈北京地區的又一重要考古收獲〉，《考古》1976 年 4 期，頁 246。及前引文〈墓葬略說〉，頁 56-70。

[9]　前引書《中國大百科全書・考古學卷》，頁 565。

上用河卵石舖出與墓室相當的範圍，其上放置各種隨葬品，然後堆築封土，句容、金壇、溧水的土墩墓，多數不用卵石舖墊，因此沒有明確的墓室範圍。土墩墓的隨葬品有青銅禮器、及大量的原始瓷器。這些青銅禮器富有地方特徵，例如鼎的三足外撇呈尖錐狀，器物往往兩兩成對。[10]

---

[10] 安徽省文化局文物工作隊，〈安徽屯溪西周墓葬發掘報告〉，《考古學報》1959 年 4 期，頁 59。

附表十：西周墓葬隨葬品概況表

墓葬地點	時期	墓葬規模	隨葬品				資料出處
			陶器	青銅器	玉器	其他	
寶雞斗雞台墓地	早18 中11 晚7	長方形土坑豎穴小型墓	陶鬲、陶罐				《斗雞台溝東區墓葬》1948年
安徽屯溪M1	西周中期	無墓穴，堆土封築墓室	16件青銅器（鼎、簋、尊、卣、盤均成對隨葬，五柱形器）、原始瓷器（豆、碗、尊、罐、盂）				《考古學報》1959年期4
陝西西安張家坡（131座）、客省莊（51座）	西周	長方形土坑豎穴墓182座	青銅器（鼎4、簋1、器蓋1）、兵器（戈16、矛2、匕1、鏃11、刀2、斧1）、工具（錛1、錐1）、石斧1、磨石1、陶器（鬲、鼎、簋、盂、豆、碗、盤、罐、壺、瓶）、漆器、牙器、裝飾品（玉、石、蚌器）				《灃西發掘報告》1962年
湖北江陵萬城	西周	長方形土坑墓	青銅器18件（鼎、簋、尊、罍、瓠、爵、卣、觶、勺、匕首）				《文物》1963年1期

墓葬地點	時期	墓葬規模	隨葬品				資料出處
			陶器	青銅器	玉器	其他	
濬縣辛村衛國墓地	西周	大8中6小54土坑豎穴	墓大多被盜，兵器（戈、戟、矛、鏃、甲泡）、車馬器、銅器、陶器、原始瓷器、玉石、貝蚌、骨角、竹木器				《濬縣辛村》1964年
濬縣辛村M42	西周	大型中字墓有棺槨	有青銅車器、兵器、禮器				《濬縣辛村》1964年
濬縣辛村M60	西周	中型	有青銅鼎、尊、爵、卣、簋等禮器及軎、當鑣、小銅泡等車馬器，另有陶鬲、貝、蛤蜊				《濬縣辛村》1964年
濬縣辛村M57	西周	小型	甲泡、陶尊1、銅戈3、蚌魚152、大蚌1、貝44、玉魚1				《濬縣辛村》1964年
陝西灃西張家坡	西周晚期	長方形豎穴墓	青銅器（鼎3、盨4、壺2）、蚌泡				《考古》1965年9期
洛陽市龐家溝北兩地	西周早到晚期	長方形豎穴土坑墓300多座	青銅禮器（鼎、甗、簋、方彝、卣、罘、觶、壺、盉、鬲、罍）、車馬器（軎、車轄、銅泡、馬銜）、兵器（戈、戟、鏃）、陶器（鬲、簋）、原始瓷器				《文物》1972年10期

墓葬地點	時期	墓葬規模	隨葬品				資料出處
			陶器	青銅器	玉器	其他	
洛陽市龐家溝M410	西周	長方形豎穴土坑墓	青銅禮器鼎、簋、觶、壺、鬲、罍各1，原始青瓷豆1，玉柄形飾				《文物》1972年10期
洛陽市龐家溝M1	西周	長方形豎穴土坑墓	青銅鼎2、簋、觶、瓿各1，原始瓷豆1，蚌飾				《文物》1972年10期
洛陽市龐家溝M202	西周	長方形豎穴土坑墓	原始瓷豆、蚌飾，簋、罍各1				《文物》1972年10期
岐山縣賀家村M1	西周	長方形豎穴土坑墓	青銅器21件、石磬1、蚌泡1（墓曾被盜）				《考古》1976年1期
岐山縣賀家村M5	西周	中型有棺有槨	青銅器7件、陶鬲1、骨鏃1、蚌泡1（墓曾被盜）				《考古》1976年1期
岐山縣賀家村M6	西周	中型	銅簋、銅鬲、陶鬲、陶罐、陶簋、陶豆和原始青瓷共9件				《考古》1976年1期
昌平白浮M1	西周	土坑豎穴、木槨	隨葬品較少				《考古》1976年4期

墓葬地點	時期	墓葬規模	隨葬品				資料出處
			陶器	青銅器	玉器	其他	
昌平白浮M2	西周	土坑豎穴、木槨	青銅禮器（鼎1、簋1、壺1）、兵器（戈、戟、刀、短劍、匕首、矛、弓形器、盉）、車馬器、陶器、玉器、象牙器、卜甲殘片				《考古》1976 年 4 期
昌平白浮M3	西周	土坑豎穴、木槨	青銅禮器(2鼎、2簋)、兵器(戈、戟、刀、短劍、匕首、矛、弓形器、盉）、車馬器、陶器、玉器、象牙器、卜甲殘片				《考古》1976 年 4 期
江蘇溧水烏山M2	西周	土墩墓	青銅器（方鼎1、提梁卣11、盤1、戈1）、陶器（鼎2、尊1、盤1、罈2）、原始瓷豆1				《考古》1976 年 4 期
甘肅靈台白草坡M1	西周	長方形豎穴土坑墓	有鼎、方鼎、甗、簋、尊、卣、角、觶、爵、盉、斝、斗等23件青銅禮器				《考古》1976 年 1 期
甘肅靈台白草坡M2	西周	長方形豎穴土坑墓有棺有槨	有青銅禮器（鼎、簋、甗、尊、卣、觶、爵、盉）、原始瓷器、玉器、銅車馬器、青銅兵器				《考古》1976 年 1 期
寶雞茹家莊M1	西周	長方形豎穴二槨一棺	甲槨室有青銅鼎5、簋4。乙槨室有青銅禮器鼎、甗、簋、尊、卣、鍪、觶、爵、犧尊、盤、鬲、罍				《文物》1976 年 4 期

墓葬地點	時期	墓葬規模	隨葬品				資料出處
			陶器	青銅器	玉器	其他	
			等 30 多件及 3 件編鐘				
寶雞茹家莊M2	西周	槨及內外重棺	有青銅禮器鼎、甗、簋、犧尊、盤、盉等（M1及M2還有玉石器 1300 多件）				《文物》1976 年 4 期
甘肅靈台白草坡M7	西周	長方形豎穴土坑墓二槨一棺	墓曾被盜，殘存許多銅泡、蚌泡、獸骨和銅戈				《考古學報》1977 年 2 期
襄縣霍莊	西周	長方形豎穴土坑墓	青銅禮器有鼎、簋、尊、卣、爵、觶、鈴、銶等及一件原始瓷器				《文物》1977 年 8 期
江蘇句容浮山果園M2	西周	土墩墓	幾何印紋硬陶（鼎、罈、罐、器蓋）、原始瓷豆等共 14 件				《考古》1977 年 5 期
寶雞市竹園溝	西周早	20 多座長方形豎穴土坑墓	青銅禮器、車馬器、陶器和玉石器等 1200 多件				《考古》1978 年 5 期
扶風齊家村	西周	小型長方形豎	陶鬲、陶簋、陶豆、貝、石圭、銅刀、玉飾、蚌飾等 28 件				《考古》1980 年 1

墓葬地點	時期	墓葬規模	隨葬品				資料出處
			陶器	青銅器	玉器	其他	
		穴土坑墓13座					期
琉璃河燕國墓地	西周	長方形豎穴土坑墓300多	青銅禮器、兵器、工具、車馬器、陶器、玉石器、原始青釉瓷器、漆器、蚌角器、貨貝				《考古》1984 年 5 期
琉璃河燕國墓地M22	西周	有棺有槨	陶鬲、陶簋、陶罐和銅戈、銅壽、銅鏃、銅馬具等共10件				《考古》1984 年 5 期
琉璃河燕國墓地M52	西周	1棺2槨	青銅禮器 6 件（鼎、鬲、尊、爵、觶）兵器 9 件（戈、戟、鏃、矛、刀、劍）錛 1、鑿 1、陶罐 1、陶簋 1、原始瓷罐 1、原始瓷豆 1、磨面具、盾飾、牛頭、狗頭				《考古》1984 年 5 期
張家坡M183	西周	洞室墓	青銅器 5 件（鼎、甗、簋、爵）陶鬲 1、漆豆、漆盾、大量車馬器、兵器（銅戈、劍、矛、鏃）				《考古》1989 年 6 期
陝西張家坡西周墓群	西周中晚	大墓 4 豎穴墓340 洞	青銅器（禮器—鼎、簋、鬲、盨、盂、犧尊、尊、卣、鐘、罍、壺、爵、觶、方彝、七、斗、甗、鏡、				《張家坡西周墓地》1999

墓葬地點	時期	墓葬規模	隨葬品				資料出處
			陶器	青銅器	玉器	其他	
		室墓21車馬坑25共390座	器足、鎛片、獸飾。兵器、工具及其他—劍、刀、鐏、盾、鐼、錐、鑿、鏃、戈、錘、斧、魚、環、鈴、銅飾、泡、鑣、滑輪。車馬器）、陶器（鬲、簋、罐、鼎、豆、盂、盆、尊、壺、蓋、瓿、瓮、硬陶罍、紡輪、筒）、釉陶豆、釉陶蓋、蚌飾、牙器、玉飾、骨器、骨飾、貝飾、骨鏃、角、磨石、象牙、金環、漆案、漆豆、石磬、龜甲、漆器、骨鑣				年
陝西張家坡西周墓地M157、161、163（設槨室置重棺）	西周	M157中字型大墓，其餘為長方形豎穴墓	青銅器（主要在M163，有犧尊、井叔鐘、爵、卣蓋、鼎耳、簋耳）車馬器、陶器、釉陶器、玉石器及骨牙器等460件（墓曾被盜）				《張家坡西周墓地》1999年
陝西張家坡西	西周	單墓道甲字形	陶器、銅器（多系車馬器）、玉器、象牙器及龜甲等336件（墓				《張家坡西周墓

墓葬地點	時期	墓葬規模	隨葬品				資料出處
			陶器	青銅器	玉器	其他	
周墓地 M170、168、152		墓	曾被盜）				地》1999 年
澧西地區（20座）	西周	中小型土坑豎穴墓	青銅器 3 件（鼎 1、爵 1、觶 1）、陶器（鬲 30、簋 12、豆 21、盂 19、罐 28、仿銅尊 1）、石圭 2				《考古學報》2000年2期

附表十一：西周車馬坑概況表

時代	發掘時間	發掘地點	長×寬一深，公尺	車	馬	人	其他	資料出處
西周晚期	1932-1933	浚縣辛村3號	10×9.1-3	12	72		狗8	《浚縣辛村》1964年
西周晚期	1932-1933	浚縣辛村25號	10×7.4-2.2				殘存雜亂馬骨車飾	《浚縣辛村》1964年
西周後期	1952	洛陽下瑤村M152	(3.5-3.82)×(2.55-2.75)-3.65				殘存雜亂馬骨	《考古學報》第九冊，1955年
西周早期	1955-1957	長安張家坡M1	3.3×3.2	1	2	1	豬1	《灃西發掘報告》1962年
西周早期	1955-1957	長安張家坡M2	5.6×3.4—2	2	6	1		《灃西發掘報告》1962年

時代	發掘時間	發掘地點	長×寬一深，公尺	車	馬	人	其他	資料出處
西周早期	1955-1957	長安張家坡M3	3.2x（2.6-3.1）-2.1	1	2	1		《灃西發掘報告》1962年
西周早期	1955-1957	長安張家坡M4	8.3x4-1.7	3	8	1		《灃西發掘報告》1962年
西周早期	1967	長安張家坡M35	3.5x（1.8-2.6）-3	1	2			《考古學報》1980年4期
西周早期	1967	長安張家坡M45	3.3x1.4-2.5	1	2	1		《考古學報》1980年4期
西周早期	1967	長安張家坡M55	3.2x5.25-2.65	2	4			《考古學報》1980年4期

時代	發掘時間	發掘地點	長x寬—深，公尺	車	馬	人	其他	資料出處
西周早期	1967	長安張家坡M65	3.23x（2.75-3）-3	1	2			《考古學報》1980 年 4 期
西周早期	1967	長安張家坡M95	3.2x（3.15-3.36）-2.6	1	2			《考古學報》1980 年 4 期
西周早期	1967	長安張家坡M116	2.5x1.6-3		2			《考古學報》1980 年 4 期
西周早期	1967	長安張家坡M140	2.72x（1.47-1.8）-1.87		2			《考古學報》1980 年 4 期
西周早期	1967	長安張家坡M142	2.15x1.5-3.5		2			《考古學報》1980 年 4 期

時代	發掘時間	發掘地點	長×寬一深，公尺	車	馬	人	其他	資料出處
西周早期	1972	靈台白草坡G1	8×（3-4.2）-（3.2-4.7）	1	4			《考古學報》1977年2期
西周早期	1974	琉璃河黃土坡1號	3.7×3.3	1	4			《考古學報》1974年5期
西周早期	1976	膠縣西庵（未編號）	4.85×4.1-3.1	1	4	1		《文物》1977年4期
西周晚期	1976	新鄭唐盧（未編號）	4×3.3-0.7		4		殘存車跡	《文物資料叢刊》第2輯
西周早期	1978	長安客省庄	7.8(殘)×3.8-4	2	4	1	另有一組車馬破壞不明	《考古》1981年1期

時代	發掘時間	發掘地點	長×寬－深，公尺	車	馬	人	其他	資料出處
西周中期	1980-1981	長安花園村M3	9.61 × 3.3-（2.6-2.9）	3	8		狗3	《文物》1986年1期
西周中期	1980-1981	長安花園村M16	5.35×3.05-0.55(殘)	2	4		狗2	《文物》1986年1期
西周	1981-1983	琉璃河黃土坡1100號	6.1×5.7-1.9	5	14			《考古學報》1984年5期
西周中晚	1983-1986	張家坡M26	4.8×2.62-0.95		9			《張家坡西周墓地》1999年
西周中晚	1983-1986	張家坡M65	3.5×3.1-0.64		6			《張家坡西周墓地》1999年

時代	發掘時間	發掘地點	長×寬－深，公尺	車	馬	人	其他	資料出處
西周中晚	1983-1986	張家坡M94	3.3×3.05-2.6		4			《張家坡西周墓地》1999年
西周中晚	1983-1986	張家坡M104	5×3.8-4.43		21		車馬器	《張家坡西周墓地》1999年
西周中晚	1983-1986	張家坡M135	2.4×1.7-0.45		4			《張家坡西周墓地》1999年
西周中晚	1983-1986	張家坡M153	5.8×5.9-5.8		50			《張家坡西周墓地》1999年
西周中晚	1983-1986	張家坡M154	66.54×5.5-7.7		50			《張家坡西周墓地》1999年

時代	發掘時間	發掘地點	長x寬－深，公尺	車	馬	人	其他	資料出處
西周中晚	1983-1986	張家坡M155	5.2x4.66-5.47		18	1	車馬器（輪4、輿2、轅2、衡）	《張家坡西周墓地》1999年
西周中晚	1983-1986	張家坡M192	5.48x3.55-2.5		10		車馬器	《張家坡西周墓地》1999年
西周中晚	1983-1986	張家坡M205	2.98x3-3		8			《張家坡西周墓地》1999年
西周中晚	1983-1986	張家坡M208	4.7x4.02-3.18		20			《張家坡西周墓地》1999年

時代	發掘時間	發掘地點	長×寬─深，公尺	車	馬	人	其他	資料出處
西周中晚	1983-1986	張家坡M217	2.75×2.2-2.2	6				《張家坡西周墓地》1999年
西周中晚	1983-1986	張家坡M218	2.08×0.78-1.02	4				《張家坡西周墓地》1999年
西周中晚	1983-1986	張家坡M236	4.1×3.4-2.14	14				《張家坡西周墓地》1999年
西周中晚	1983-1986	張家坡M241	2.3×1.48-0.52	2				《張家坡西周墓地》1999年
西周中晚	1983-1986	張家坡M261	2.1×1.3-0.9	2			狗1	《張家坡西周墓地》1999年

時代	發掘時間	發掘地點	長×寬一深，公尺	車	馬	人	其他	資料出處
西周中晚	1983-1986	張家坡 M264	3.9× 3.34-3.05		15			《張家坡西周墓地》1999年
西周中晚	1983-1986	張家坡 M267	2.2×1.2-0.57		2			《張家坡西周墓地》1999年
西周中晚	1983-1986	張家坡 M291	2.72×1.9-2.4		4			《張家坡西周墓地》1999年
西周中晚	1983-1986	張家坡 M313	5.3× 3.64-3.16	2	4		車馬器	《張家坡西周墓地》1999年
西周中晚	1983-1986	張家坡 M317	3.69× 2.32-3.2		8			《張家坡西周墓地》1999年

時代	發掘時間	發掘地點	長×寬－深，公尺	車	馬	人	其他	資料出處
西周中晚	1983-1986	張家坡M340	2.87×2.1-0.9		6			《張家坡西周墓地》1999年
西周中晚	1983-1986	張家坡M360	2.7×1.7-0.5		2			《張家坡西周墓地》1999年
西周中晚	1983-1986	張家坡M369	3.3×2.68-1.24		6			《張家坡西周墓地》1999年
西周中晚	1983-1986	張家坡M389	2×1.36-0.5		2			《張家坡西周墓地》1999年

　　從上面所附之墓葬隨葬品概況表的內容及隨葬車馬坑的資料來看，周人崇拜祖先之情不亞於商人。

第三節　對祖先的追思與榮耀

　　商周時期的青銅器，在鑄好之後，首先要放在宗廟裡祭祀祖先，因此目前存於世上的青銅器大部分是祭器。《禮記‧曲禮》載：

> 君子將營宮室，宗廟為先，廄庫為次，居室為後。凡家造，祭器為先，犧賦為次，養器為後。

足見祭器之重要性，這些宗廟祭器，大都鑄刻有追念、告慰祖先與示知後世子孫之銘文。不但尊祖之觀念被賦於青銅祭器上，同時作器者的榮耀與功勳也隨著祭器之寶藏而永存於世。《禮記‧祭統》言：

> 夫鼎有銘，銘者，自名也；自名以稱揚其先祖之美，而明著之後世者也。……銘者，論譔其先祖之有德善、功烈、勳勞、慶賀聲名列於天下，而酌之祭器，自成其名焉，以祀其先祖者也，顯揚先祖，所以崇孝也。

可見古人透過鑄於青銅祭器上之銘文，來傳達其對祖先崇拜之情，因此本節介紹商人、周人如何以青銅器銘文追思、榮耀祖先，崇拜祖先。

一、商人對祖先的追思

目前傳世的商代青銅祭器數量雖多，但是商早期的祭器絕大部份不見銘文，到了中期之後，開始出現一些標示族徽及廟號之銘文，商人把代表各族的族徽（參閱附圖三十一，三十二，三十四，三十五）鑄造在青銅祭器上，用於宗廟之中來祭祀祖先，無疑是在昭示其重血緣、重宗族之觀念，藉此達到團結族人之目的；而這種因「同祖」觀念衍生的行為與表現，都是商人崇拜祖先的具體呈現。當然商人也透過青銅器上的銘文來傳遞喜訊，或在器上鑄明為祖先作器或祖先之廟號以榮耀祖先。例如：

　　1. 小臣缶方鼎銘文載：[11]（參閱附圖四十五）

　　　　王賜小臣缶湡責（積）五年，缶用乍（作）享大（太）子乙家祀尊，𤕮，父乙

　　2. 小子𣪃卣銘文曰：[12]（參閱附圖四十六）

　　　　乙巳，子令小子𣪃先以人于堇，子光商（賞）𣪃貝二朋，子曰：貝唯丁蔑女（汝）曆。𣪃用乍（作）母辛彝，在十月，唯子日令望人（夷）方眔，𤕮母辛。

---

[11] 器銘釋文根據張亞初編，《殷周金文集成引得》，北京，中華書局，2001 年，頁 43。

[12] 器銘釋文根據張亞初編，《殷周金文集成引得》，北京，中華書局，2001 年，頁 107。

由上舉銘文也可發現商人崇拜祖先是不分祖妣，例如下列
器銘所載內容：

3. 小臣邑斝銘文亦言：[13]（參閱附圖四十七）

　　癸巳，王賜小臣邑貝十朋，用乍（作）母癸尊彝，
　　唯王六祀，肜日，在四月，亞疑。

以下尚有六個商代青銅器之銘文可供參考：

4. 安陽後岡圓祭坑銅鼎銘文：[14]（參閱附圖四十八）

　　丙午，王商（賞）戍嗣子（嗣子二字合文）貝廿朋
　　（合文），才欒宀用乍（作）父癸（合文）寶鼎（鼎）。
　　隹（唯）王欒大室，才（在）九月。犬魚。

5. 寏孳方鼎：[15]

　　甲子，王易寏（寢）孟（孳）商（賞），用作父辛
　　障彝。才（在）十月又二，遘姮（祖甲），啓日，
　　隹王廿祀。

　　干偁（內壁）

6. 亞魚鼎：[16]

　　壬申，王易（錫）亞魚貝，用乍父癸障。才（在）
　　六月，隹王七祀翌日。

---

[13] 器銘釋文根據張亞初編，《殷周金文集成引得》，北京，中華書局，
　　2001 年，頁 138。
[14] 見郭沫若，〈安陽圓坑墓中鼎銘考釋〉，《考古學報》1960 年 1 期。
[15] 參閱張頷，〈寏孳方鼎銘文考釋〉，《古文字研究》第十六輯。
[16] 見中國社會科學院考古研究所安陽工作隊，〈安陽殷墟西區一七一
　　三號墓的發掘〉，《考古》1986 年 8 期。

7. 寏魚簋：[17]

　　辛卯，王易寏魚貝，用乍父丁彝。

8. 亞魚爵（一）：[18]

　　亞魚（蓋銘）

　　辛卯，王易寏魚貝，用乍父丁彝。（器銘）

　　亞魚爵（二）：

　　亞魚父丁。

9. 無玆鼎：[19]

　　無玆用作文父甲寶障彝。𣄼。

足見商代青銅祭器銘文以族徽居多，即使是一些鑄上父祖名號之銘文，也少有記事銘文，到了商末雖有記述作器之由來、作器目的之銘文出現，但多是因功受王室賞賜，而誌其榮耀以祭告祖先之辭，製器目的僅在呈現崇拜祖先之情。

---

[17] 見中國社會科學院考古研究所安陽工作隊，〈安陽殷墟西區一七一三號墓的發掘〉，《考古》1986 年 8 期。

[18] 見中國社會科學院考古研究所安陽工作隊，〈安陽殷墟西區一七一三號墓的發掘〉，《考古》1986 年 8 期。

[19] 參閱史樹青，〈無玆鼎的發現及其意義〉，《文物》1985 年 1 期，頁 72-73。

二、周人榮耀祖先的青銅祭器

周代青銅器的銘文不但有追思祖先之內容，更有如《禮記‧祭統》所言：「……論譔其先祖之有德善、功烈、勳勞、慶賀聲名列於天下，而酌之祭器，自成其名焉，以祀其先祖者也，顯揚先祖……」透過銘文來祭祀祖先、顯揚先祖的情形，尤其是一些冊命金文更是如此，[20]因此銘文內容豐富多采，又多長銘巨製，且已有「作父考某寶彝」、「子子孫孫永寶用」等恆語出現，例如下列各器器銘：

1. 小夫卣：[21]
   小夫作父丁寶旅彝。

2. 禽小鼎：[22]
   禽乍文考（父）辛寶鼎。⊕。

3. 衛鼎：[23]（見附圖四十九）
   衛乍（作）文考小仲、姜氏盂鼎，衛其萬年，子子孫孫永寶用。

---

[20] 作者曾根據《西周冊命制度研究》一書內所附之「西周冊命金文分析表」的內容作統計，八十個西周青銅器銘文中，有五十二個（佔半數以上）青銅器銘內，直接著明為那一位祖先而作器。（參閱陳漢平，《西周冊命制度研究》，上海，學林出版社，1986年，頁341-362。）

[21] 王錫平、唐祿庭，〈山東黃縣莊頭西周墓清理簡報〉，《文物》1986年8期，頁69-95。

[22] 陝西省文物管理委員會，〈西周鎬京附近部分墓葬發掘簡報〉，《文物》1986年1期，頁1-55。

4. 南宮乎鐘：[24]（見附圖五十）

司土（徒）南宮乎，乍（作）大鐘炊（協）鐘，茲
鐘名曰：無昊（斁）鐘。先且（祖）南公、亞且公
中必父之家，天子其萬年眉壽，眈永保四方配皇天，
乎拜手誾（稽）首，敢對揚天子丕顯魯休，用乍朕
皇且南公、亞且公中。

5. 折斝：[25]（見附圖五十一）

折乍父乙寶障彝。

6. 折觥：[26]

隹五月，王在庠。令乍冊折兄（貺）望土于相侯，
易金，易臣。揚王休，隹王十又九祀。用乍父乙　　，
其永寶。

7. 豐爵：[27]

豐乍父辛寶。

8. 牆爵：[28]（見附圖五十二）

牆乍父乙寶障彝。

---

[23] 器銘釋文根據張亞初編，《殷周金文集成引得》，北京，中華書局，
2001 年，頁 42。

[24] 羅西章，〈扶風出土的商周青銅器〉，《考古與文物》1980 年 4 期。

[25] 陝西周原考古隊，〈陝西扶風莊白一號西周青銅器窖藏發掘簡報〉，
《文物》1978 年 3 期，頁 1-18。

[26] 陝西周原考古隊，〈陝西扶風莊白一號西周青銅器窖藏發掘簡報〉，
《文物》1978 年 3 期，頁 1-18。

[27] 陝西周原考古隊，〈陝西扶風莊白一號西周青銅器窖藏發掘簡報〉，
《文物》1978 年 3 期，頁 1-18。

9. 父辛鬲：[29]

　甬（用）作父辛寶尊彝。

10.善夫旅伯鼎：[30]（見附圖五十三）

　善（膳）夫旅伯乍（作）毛仲姬尊鼎，其邁（萬）
　年，子子孫孫永寶用享。

上述十個周代青銅器的銘文內容，都明確地記載其器為某
位祖先而作，這是祖先崇拜最常見、最典型的例子。

　　周代貴族在因功得到王室之賞賜後，首先要做就是鑄
器記述所受之榮寵，又強調此器為其父考（或祖考）而作，
最後則希望藉著此器寶藏永世，以使其子孫也能共享殊
榮。從這一點來看，宗法尊祖敬宗的精神在周代得到更多
的發展，祖先崇拜中追思祖先、榮耀祖先之觀念在周代發
展得更為透澈。周人重現世、重近親（祭器多為父考而作）
因此其銘文內容多反映當時之政治、社會狀況。由周人祭
器之大增與銘文後面恆語──子子孫孫永寶用之出現，也可
發現商周二代對崇拜祖先觀念之轉變。

---

[28] 陝西周原考古隊，〈陝西扶風莊白一號西周青銅器窖藏發掘簡報〉，
　　《文物》1978 年 3 期，頁 1-18。
[29] 陳立信，〈鞏縣發現西周早期青銅鬲〉，《中原文物》1986 年 4 期。
[30] 器銘釋文根據張亞初編，《殷周金文集成引得》，北京，中華書局，
　　2001 年，頁 42。

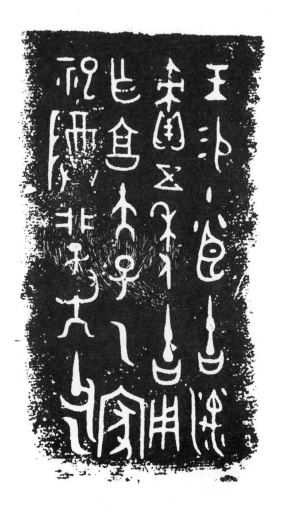

附圖四十五：小臣缶方鼎銘文

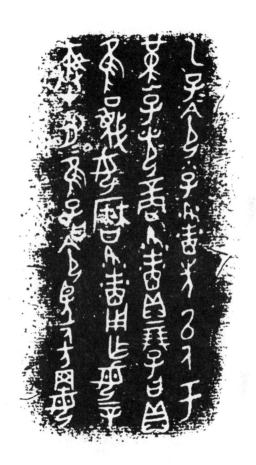

附圖四十六：小臣卣銘文

附圖四十七：小臣邑斝銘文

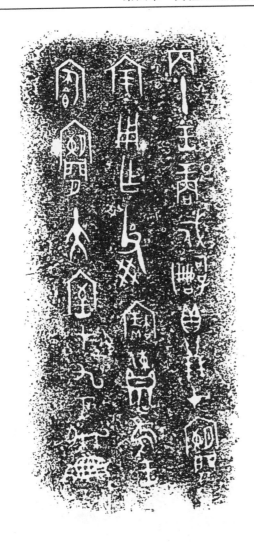

附圖四十八：安陽後岡圓祭坑銅鼎銘文

附圖四十九：衛鼎銘文

幹部

鼓部

附圖五十：南宮乎鐘銘文一

鉦間

附圖五十：南宮乎鐘銘文二

附圖五十一：折斝銘文

附圖五十二：牆爵銘文

附圖五十三：善夫旅伯鼎銘文

結　論

　　從卜辭來看，商人的祖先既能致福亦能降禍，幾乎掌握當時商人生活的一切。同時在商人心目中，祖先死後可在帝左右，成爲商人與帝之中介者，又具有帝之神能，所以商人崇拜祖先，向祖先求年、求雨、求致福勿降禍。而自文獻與金文來看，周人的祖先不僅可以福祐後代子孫，還可以因其祖德成爲子孫崇拜學習的對象，可見在周人心目中，祖先不但「祖神有德」，而且可以福祐子孫。這點與商人的祖先形像頗爲類似。但是商周二代對祖先的觀念仍有差異，例如商人祭祀祖先時，會祈求一些較爲具體的神能，像求年、求雨等，周人則無此現象。此外，周人在稱呼祖先時會冠以“文”與“皇”之類的敬辭，以肯定祖先的品德，這意味著周人對祖先的態度與商人大不相同。

　　宗族是基於血緣關係才形成的社會組織。血緣關係則來自祖先，宗族成員本著「同祖觀念」而發展出來的一種約束成員的規範，就形成「宗法」。在「同宗共祖」觀念下，宗族成員莫不尊崇賦予自己血緣關係的祖先，因此祖先崇拜的觀念也隨之加強。宗法的中心思想是尊祖，由尊祖觀念延續發展而形成敬宗觀念，使同一宗族之成員莫不奉其宗子爲至上。宗族裡的宗子總理全宗族之事務，並負有收族、合族的責任，而其宗族成員則報以適當義務，宗子之

收族、合族用現代眼光來看，無疑是負擔部分的社會責任，而透過宗子之收族、合族，宗族全體成員更能團結一致，生相親愛，死相哀痛，同時社會也才能安定。

商周的宗族組織正是促進其社會穩定的基礎。有關商周之宗族結構，透過前文之分析可以發現，商代的宗族結構比較簡單，但已包含姓—宗氏—分族三個層次的結構，至於周代，則因爲分封制度的發展，帶動了宗族結構的變化，因此宗族結構隨著分封制而分級立宗，結果形成同姓之下無數個異氏分支宗族，而發展成多層次的同姓—異氏分族結構。另一方面，周代非姬姓的宗族，則仍然得以保存其原有的宗族結構。

在祖先崇拜的觀念下，宗族成員尊祖敬宗。宗廟正是他們表現尊祖的重要場所，商周時期的人在宗廟除了祭祀祖先外，還有許多重要活動也在宗廟舉行，讓祖先得以在宗廟裡參與宗族的重要大事。商人尊神，而且特別崇拜祖先，因此遍祭所有先祖、先妣，同時祭禮繁複、多種，是故祭祖有制，廟數卻無定制。周初，周人對祖先的祭祀，有因襲商人遍祀祖先之跡、使用大量犧牲來祭祀祖先的情況，但營建成周之後，周人廟祭之禮漸與商人之祭禮有較大的差異，並顯現出周人獨有的特點。周人在崇拜祖先，立廟祭祀祖先之餘，充份發揮其禮治之精神而形成天子七廟，諸侯五廟等定制，同時又發展出重近祖輕遠祖，親盡毀廟之制。

商人勤祀祖先，只是到了商代晚期，商人在祭祖方面

已朝輕遠祖重近祖之趨勢演變，尤其是周祭制度形成之後，商人對祖先之祭祀已經傾向形式化，卜辭裡合祭的情況增多，專祭則逐漸減少，此外祀典、用牲也出現逐漸簡化的現象；從祭禮繁複而且祭典種類繁多的情況下，演變成由五種祀典組成的周祭制度，正說明商人在祭祀祖先方面已經走向形式化，不再「尙鬼」，因此宗廟祭禮也隨之而簡化。周人宗族觀念遠比殷人來得強，因此在祭祀祖先方面極具「排他性」，此外又因分封制而有「命祀」之舉。在宗廟祭祀方面，周人又以昭穆來定秩序，並「立尸」以祭祖，因此周人初期祭禮雖因於殷禮，卻又將殷禮損益一番，而形成周人自己獨有的禮儀系統。

　　安葬甚至厚葬長輩死者則是另一種崇拜祖先的具體行爲。「廟」與「墓」同爲崇拜祖先的中心，前者的主要崇拜對象是遠祖，後者則奉獻給近親。商周時期的人們對自己的祖靈是虔誠供奉的，他們常把最珍貴的器物隨葬于死去的祖先的墓下。因此從商周時期墓葬內豐富的隨葬品，可見商周先民崇拜祖先之情。此外，商周時期宗廟裡的青銅祭器，大都鑄刻有追念、告慰祖先與示知後世子孫之銘文，不但尊祖之觀念被賦於青銅祭器上，同時作器者的榮耀與功勳也隨著祭器之寶藏而永存於世，由此也可見商周時期的人們，透過鑄於青銅祭器上之銘文，來傳達其對祖先崇拜之情。

　　對祖先崇拜這個觀念來說，商周二代之間本質相同，但有程度上的差異，二代都重視「尊祖、敬祖」，商代雖重

近祖但不似周代那樣明顯，也少有周代青銅銘文那般地榮
耀祖先（父考）現象，但是二代都在崇拜祖先、敬祖的觀
念下，形成社會的基礎組織—宗族組織，並藉著尊祖之精
神使其具體化而發展出宗法制度，以穩定社會。事實上商
周宗法的發展也回過頭來強化祖先崇拜的程度。

　　周人能以禮治天下，正是在殷禮基礎上發展出來的。
商周時期崇祖、尊祖精神高度的發揮，使得宗族之長（宗
子）及宗族組織得以成為穩定社會的力量，因此祖先崇拜
的觀念經過商周時期的演變之後，發展出尊祖但不盲目崇
拜祖先的特質。商周時期的祖先崇拜，不論是在肯定祖先
的形象上、在追思榮耀祖先方面或是在祭祀祖先的具體行
為上，都呈現出一種越來越理性，越來越禮制化的趨勢，
這對後世來說，具有典範的效果。故而能形成以禮為其中
心思想、本質的中國文化，同時禮治之下的文化仍然保留
商周時期那種質樸的崇祖觀念，所以直到今天中國人仍有
建祠堂合族祭祖之舉，而中國文化遂得以禮為本不斷地朝
前發展。

重要參考書目

一、文獻：

1.《尚書》，十三經注疏本，台北，藝文印書館，民國 74 年十版。

2.《詩經》，十三經注疏本，台北，藝文印書館，民國 74 年十版。

3.《禮記》，十三經注疏本，台北，藝文印書館，民國 74 年十版。

4.《周禮》，十三經注疏本，台北，藝文印書館，民國 74 年十版。

5.《左傳》，十三經注疏本，台北，藝文印書館，民國 74 年十版。

6.《儀禮》，十三經注疏本，台北，藝文印書館，民國 74 年十版。

7.《公羊傳》，十三經注疏本，台北，藝文印書館，民國 74 十版。

8.《穀梁傳》，十三經注疏本，台北，藝文印書館，民國 74 年十版。

9.《逸周書》，四部備要，第 1110-1111 冊。

10.《國語》，嶄新校注本，台北，里仁書局，民國 69 年。

11.《呂氏春秋》，四部叢刊初編縮本，第 24 冊

12.《史記》，點校本，台北，鼎文書局，民國 70 年。

13.《白虎通義》，上海，上海古籍出版社，1990 年。

14.楊伯峻，《春秋左傳注》，北京，中華書局，1981 年。

二、專書：（按出版時間先後排列）

1.郭沫若，《中國古代社會研究》，上海，聯合書店，1930
　　年。

2.郭寶鈞，《中國青銅器時代》，北京，三聯書店，1936
　　年。

3.胡厚宣，《甲骨學商史論叢》（初集、二集），大通書
　　局，民國 62 年重印（原齊魯大學國學研究所
　　專刊，1944-1945 年出版）

4.劉　節，《中國古代宗族移殖史論》，台北，正中書局，
　　民國 37 年。

5.李宗侗，《中國古代社會新研》，開明書店，1949 年。

6.郭沫若，《殷周青銅銘文研究》，北京，人民出版社，
　　1954 年。

7.丁　山，〈甲骨文所見氏族及其制度〉，北京，科學出
　　版社，1956 年。

8.岑仲勉，《西周社會制度》，上海，新知識出版社，1956
　　年。

9.郭沫若，《甲骨文字研究》，北京，科學出版社，1956年。

10.陳夢家，《殷墟卜辭綜述》，北京，科學出版社，1956年。

11.郭沫若，《兩周金文辭大系考釋》，北京，科學出版社，1957年。

12.王國維，《觀堂集林》，台北，中華書局，民國48年。

13.石璋如，《中國考古報告集之二：小屯•第一本•遺址的發現與發掘：乙編》，台北，中央研究院歷史語言研究所出版，民國48年。

14.考古研究所編，《新中國的考古收獲》，北京，文物出版社，1962年。

15.呂振羽，《殷周時代的中國社會》，北京，三聯書店，1962年。

16.中國科學院考古研究所《灃西發掘報告》，北京，文物出版社，1963年。

17.郭寶鈞，《浚縣辛村》，北京，科學出版社，1964年。

18.董作賓，《平盧文存》，台北，藝文印書館，民國53年。

19.楊　寬，《古史新探》，北京，中華書局，1965年。

20.孫作雲，《詩經與周代社會研究》，北京，中華書局，1966年。

21.黃然偉，《殷禮考實》，台北，台大文史叢刊，民國56年。

22.董作賓，《董作賓學術論著》，台北，世界書局，民國
　　56年。

23.許進雄，《殷卜辭中五種祭祀的研究》，台北，台大文
　　史叢刊23，民國57年。

24.章景明，《周代祖先祭祀制度》，台北，台大博士論文，
　　民國62年。

25.李壽林，《史記殷本紀疏證》，台北，鼎文書局，民國
　　64年。

26.島邦男著，溫天河、李壽林譯，《殷墟卜辭研究》，台
　　北，鼎文書局，民國64年。

27.蔡哲茂，《殷禮叢考》，台北，台大碩士論文，民國67
　　年。

28.文物編輯委員會，《文物考古工作三十年》，北京，文
　　物出版社，1979年。

29.北京大學歷史系考古教研室商周組編著，《商周考古》，
　　北京，文物出版社，1979年，

30.呂振羽，《中國社會史諸問題》，北京，三聯出版社，
　　1979年三版。

31.中國社會科學院考古研究所，《殷墟婦好墓》，北京，
　　文物出版社，1980年。

32.孫睿徹，《從甲骨卜辭來研討殷商的祭祀》，台北，台
　　大碩士論文，民國69年。

33.童書業，《春秋左傳研究》，上海，人民出版社，1980
　　年。

34.鄒　衡，《夏商周考古學論文集》，北京，文物出版社，
　　1980 年。

35.郭寶鈞，《商周銅器群綜合研究》，北京，文物出版社，
　　1981 年。

36.胡厚宣，《甲骨文探史錄》，北京，三聯書店，1982 年。

37.馬承源，《中國古代青銅器》，上海，人民出版社，1982
　　年。

38.江美華，《甲金文中宗廟祭禮之研究》，政大碩士論文，
　　民國 72 年。

39.胡厚宣，《甲骨文與殷商史》，上海，上海古籍出版社，
　　1983 年。

40.張光直，《中國青銅時代》，台北，聯經出版事業公司，
　　民國 72 年。

41.人文雜誌編輯部，《西周史研究》（人文雜誌叢刊第二
　　輯），西安，人文雜誌社，1984 年。

42.中國社會科學院考古研究所，《新中國的考古發現和研
　　究》北京，文物出版社，1984 年。

43.王宇信，《西周甲骨探論》，北京，中國社會科學出版
　　社，1984 年。

44.河北省文物研究所編，《藁城台西商代遺址》，北京，
　　文物出版社，1985 年。

45.俞偉超，《先秦兩漢考古學論集》，北京，文物出版社，
　　1985 年。

46.胡厚宣，《全國商史學術討論會論文集》，《殷都學刊》增刊，安陽，殷都學刊編輯部出版，1985 年。

47.容　庚，《商周彝器通考及圖錄》，台北，文史哲出版社，民國 74 年。

48.錢宗範，《周代宗法制度研究》，廣西師大出版，1985。

49.中國大百科全書《考古學卷》編輯委員會編，《中國大百科全書‧考古學卷》，北京，中國大百科全書出版社，1986 年。

50.中國考古學研究編委會，《中國考古學研究--夏鼐先生考古五十年紀念論文集》（一），北京，科學出版社，1986 年。

51.文物出版社編輯部，《文物與考古論集》，北京，文物出版社，1986 年。

52.張光直，《考古學專題六論》，北京，文物出版社，1986 年。

53.梁煌儀，《周代宗廟祭祀之研究》，台北，政大博士論文，民國 75 年。

54.中國社會科學院考古研究所，《殷墟發掘報告》（1958-1961），北京，文物出版社，1987 年。

55.常玉芝，《商代周祭制度》，北京，中國社會科學出版社，1987 年。

56.丁　山，《商周史料考證》，北京，中華書局，1988 年。

57.唐嘉弘，《先秦史新探》，開封，河南大學出版社，1988 年。

58.馬承源，《中國青銅器》，上海，上海古籍出版社，1988
　　年。

59.王貴民，《商周制度考信》，台北，明文書局，民國78
　　年。

60.白川靜，《金文的世界》，台北，聯經出版事業公司，
　　民國78年。

61.朱鳳瀚，《商周家族形態研究》，天津，天津古籍出版
　　社，1990年。

62.吳浩坤，《古史探索與古籍研究》，台北，貫雅文化事
　　業公司，民國79年。

63.黃展岳，《中國古代的人牲人殉》，北京，文物出版社，
　　1990年。

64.謝維揚，《周代家庭形態》，北京，中國社會科學出版
　　社，1990。

65.金經一，《甲文所見殷人崇祖意識型態之研究》，台北，
　　文大博士論文，民國79年。

66.王祥齡，《中國古代崇祖敬天思想研究》，台北，台北，
　　文大博士論文，民國79年。

67.宋新潮，《殷商文化區域研究》，陝西，陝西人民出版
　　社，1991年。

68.李玉潔，《先秦喪葬制度研究》，鄭州，中州古籍出版
　　社，1991年。

69.段振美，《殷墟考古史》，鄭州，中州古籍出版社，1991
　　年。

70.錢　杭，《周代宗法制度史研究》，上海，學林出版社，
　　1991 年。

71.安金槐，《中國考古》，上海，上海古籍出版社，1992
　　年。

72.河南省文物研究所編，《鄭州商城考古新發現與研究》，
　　鄭州，中州古籍出版社，1993 年。

73.張鶴泉，《周代祭祀研究》，台北，文津出版社，民國
　　82 年。

74.陝西省考古研究所，《鎬京西周宮室》，西安，西北大
　　學出版社，1995 年。

75.張之恆、周裕興，《夏商周考古》，南京，南京大學出
　　版社，1995 年。

76.張榮明，《殷周政治與宗教》，台北，五南圖書出版公
　　司，民國 86 年初版。

77.國家文物局編：《中國文物地圖集—陝西省分冊》上冊，
　　西安地圖出版社，1998 年

78.葛兆光，《七世紀前中國的知識、思想與信仰世界》，
　　上海，復旦大學出版社，1998 年 4 月。

79.中國社會科學院考古研究所編著：《張家坡西周墓地》
　　北京：中國大百科全書出版社，1999 年。

80.傅亞庶，《中國上古祭祀文化》，東北師範大學出版社，
　　1999 年 9 月。

81.王　暉，《商周文化比較研究》，北京，人民出版社，
　　2000 年 5 月。

82.晁福林，《先秦民俗史》，上海，人民出版社，2001年
　　1月。

83.張亞初編，《殷周金文集成引得》，北京，中華書局，
　　2001年，

84.徐良高，《中國民族文化源新探》，北京，社會科學文
　　獻出版社，2002年2月。

三、論文（按發表時間先後排列）

1.劉盼遂，〈甲骨文中殷商廟制徵〉，《女師大學術季刊》，
　　1930年，頁119-123。

2.唐　蘭，〈懷鉛隨錄、釋示宗及主〉，《考古》6，1933
　　年，頁328-332。

3.徐中舒，〈殷周文化之蠡測〉，《歷史語言研究所集刊》
　　2本3分，民國24年，頁275-280。

4.正　文，〈殷商的家族與親族關係〉，《天地人月刊》1
　　卷5期，1936年。

5.徐中舒，〈殷周之際史蹟之檢討〉，《歷史語言研究所
　　集刊》7本2分，民國25年，頁137-164。

6.陳夢家，〈古文字中之商周祭祀〉，《燕京學報》19，
　　1936年，頁90-155。

7.董書方，〈殷商家族制度與親族制度的一個解釋〉，《食
　　貨》3卷10期，1936年，頁1-6。

8.陳夢家，〈祖廟與神主之起源〉，《文學年報》3，1937
　　　年，頁 17-24。

9.葛啓楊，〈卜辭所見之殷代家族制度〉，《史學年報》2
　　　卷 5 期，1938 年，頁 55-65。

10.董作賓，〈殷代禮制的新舊兩派〉，《大陸雜誌》6 卷
　　　3 期，民國 42 年，頁 1-6。

11.王仲殊，〈墓葬略說〉，《考古通訊》1955 年 1 期，頁
　　　56-70。

12.周永珍，〈殷代墓葬形式〉，《考古通訊》1955 年 6
　　　期，頁 42-48。

13.趙光賢，〈商族的上帝與祖先〉，《爭鳴》1956 年 2 期。

14.李學勤，〈論殷代的親族制度〉，《文史哲》1957 年
　　　11 期，頁 1-16。

15.凌純聲，〈中國祖廟的起源〉，《民族所集刊》7 期，
　　　民國 48 年，頁 141-175。

16.金祥恆，〈卜辭所見殷商宗廟及殷祭考〉，《大陸雜誌》
　　　20 卷 8-10 期，民國 49 年，頁 249-253，278-283，
　　　312-318。

17.喬　健，〈說祖示〉，《大陸雜誌》20 卷 7 期，民國
　　　49 年，頁 216-227。

18.張秉權，〈祭祀中卜辭的犧牲〉，《歷史語言研究所集
　　　刊》38 本，民國 51 年，頁 181-232。

19.胡厚宣，〈殷代家族婚姻宗法生育制度考〉，收入《甲骨學商史論叢》初集，（台北，大通書局，民國 62 年），頁 131-144。

20.田倩君，〈釋示〉，《中國文字》12 期，台大中文系出版，民國 63 年，頁 5587。

21.金祥恆，〈從甲骨卜辭研究殷商軍旅中之王族三行三師〉，《中國文字》52，頁 5659-5706，民國 63 年。

22.李學勤，〈論婦好墓的年代及有關問題〉，《文物》1977 年 11 期。

23.于省吾，〈略論甲骨文"自上甲六示"的廟號以及我國成文歷史的開始〉，《社會科學戰線》1978 年 1 期，頁 333-335。

24.林　澐，〈從武丁時代的幾種"子卜辭"試論商代的家族形態〉，收入吉林大學古文字研究室編《古文字研究》第一輯，北京，中華書局，1979 年，頁 314-336。

25.尹盛平，〈周原西周宮室制度初探〉，《文物》1981 年 9 期，頁 13-17。

26.傅熹年，〈陝西岐山鳳雛西周建築遺址初探〉，《文物》1981 年 1 期，頁 65-74。

27.楊錫璋，〈安陽殷墟西北岡大墓的分期及其有關問題〉，《中原文物》1981 年 3 期，頁 47-52。

28.楊鴻勳，〈西周岐邑建築遺址初步考察〉，《文物》1981
　　年 3 期，頁 23-33。

29.龔鵬程，〈宗廟制度論略〉，《孔孟學報》43-44 期，
　　民國 71 年，頁 235-256，頁 255-279。

30.朱鳳瀚，〈商周青銅器銘文中的復合氏名〉，《南開大
　　學學報》1983 年 3 期，頁 54-65。

31.曹定雲，〈論族字異構和"王族"合文〉，《考古與文
　　物》1983 年 6 期，頁 62-63。

32.曹錦炎，〈論卜辭中的示〉，《吉林大學研究生論文集
　　刊》第一輯，吉林大學出版，1983 年。

33.楊錫璋，〈殷代的墓地制度〉，《考古》1983 年 10 期，
　　頁 929-934。

34.裘錫圭，〈關於商代的宗族組織與貴族和平民兩個階級
　　的初步研究〉，《文史》十七輯，1983 年，頁
　　1-26。

35.趙　林，〈商代的宗廟與宗族制度〉，《政大歷史學報》
　　1，民國 72 年，頁 1-18。

36.程德祺，〈殷周宗族探析〉，《蘇州大學學報》1984 年
　　2 期，頁 115-121。

37.楊升南，〈從殷墟卜辭的"示"、"宗"說到商代的宗
　　法制度〉，《中國史研究》1985 年 3 期，頁
　　3-16。

38.鄭慧生，〈商代宗法溯源〉，《鄭州大學學報》1985 年
　　2 期，頁 87-93。

39.商　言，〈殷墟墓葬制度研究述略〉，《中原文物》1986
　　年 3 期，頁 84-91。

40.常玉芝，〈“祊祭”卜辭時代的再辨析〉收入《甲骨文
　　與殷商史》第二輯，1986 年，頁 160-184。

41.張　慶，〈古代宗廟制度簡說〉，《文史知識》1986 年
　　5 期，頁 59-62。

42 梁煌儀，〈周代宗廟祭禮之研究〉，《政大中文碩士論
　　文》，民國 75 年。

43.錢　杭，〈“周禮”宗法制度略論〉，《中華文史論叢》
　　1986 年 1 期，頁 97-117。

44.段　渝，〈殷周宗法的異同〉，《歷史知識》1987 年 3
　　期，頁 18-20。

45.楊寶成，〈殷墓享堂疑析〉，《中國殷商文化國際討論
　　會論文》，1987 年。

46.王宇信，〈試論周原出土的商人廟祭甲骨〉，《中國史
　　研究》1988 年 1 期，頁 107-120。

47.曹定雲，〈殷代初期王陵試探〉，《文物資料叢刊》10，
　　1988 年，頁 80-87。

48.盧連成，〈西周豐鎬兩京考〉，《中國歷史地理論叢》
　　1988 年 3 期，頁 115-152。，

49.郭旭東，〈商代征戰時的祭祖與遷廟制度〉，《殷都學
　　刊》1988 年 2 期，頁 18-22。

50.陳志達，〈安陽小屯殷代宮殿宗廟遺址探討〉，《文物
　　資料叢刊》10，1988 年，頁 68-79。

51. 巫　鴻，〈從"廟"至"墓"〉，收入《慶祝蘇秉琦考
　　古五十五年論文集》，北京文物出版社，1989
　　年，頁 98-110。

52. 李曉東、黃曉芬，〈秦人鬼神觀與殷周鬼神觀比較〉，
　　《人文雜誌》1989 年 5 期，頁 88-92。

53. 汪寧生，〈釋明堂〉，《文物》1989 年 9 期，頁 20-24。

54. 晁福林，〈關於殷墟卜辭中的"示"和"宗"的探討—
　　兼論宗法制的若干問題〉，《社會科學戰線》
　　1989 年 3 期，頁 158-166。

55. 劉　雨，〈西周金文中的祭祖禮〉，《考古學報》1989
　　年 4 期，頁 495-521。

56. 葛英會，〈殷墟墓地的區與組〉，收入《考古學文化論
　　集》2，北京文物出版社，1989 年，頁 152-183。

57. 朱鳳瀚，〈殷墟卜辭所見商王室宗廟制度〉，《歷史研
　　究》1990 年 6 期，頁 3-19。

58. 孫中家、林黎明，〈先秦葬制初探〉，《北方論叢》1990
　　年 1 期，頁 96-100。

59. 曹定雲，〈論"上甲廿示"及其相關問題—兼論卜辭中
　　的"元示"與"二示"〉，《文物》1990 年 5
　　期，頁 34-46。

60. 葛英會，〈周祭卜辭中的直系先妣及相關問題〉，《北
　　京大學學報》1990 年 1 期，頁 121-128。

61. 王祥齡，〈中國古代祖先崇拜的起源與進展〉，《鵝湖
　　月刊》16 卷 11 期，民國 80 年，頁 13-25。

62.李向平，〈周代的祖宗崇拜與王權的歷史特徵〉，《社會科學戰線》1991 年 3 期，頁 166-171。

63.錢　杭，〈宗族與宗法的歷史特徵〉，《史林》1991 年 2 期，頁 34-40。

64.葉達雄，〈殷周制度研究之回顧與展望〉，收入《民國以來國史研究的回顧與展望討論會論文集》（台北，台大出版，民國 81 年），頁 247-267。

65.尹盛平、李西興，〈1983 年以來西周文物考古方面的重大發現和重要研究成果之綜述〉，收入《西周史論文集》（歷史博物倌編，陝西人民教育出版社，1993 年），頁 1214-1228。

66.文　軍，〈宗教本質在西周祖先崇拜現象中的表現〉，收入《西周史論文集》（歷史博物倌編，陝西人民教育出版社，1993 年），頁 1087-1093。

67.曲英杰，〈周都王廟考〉收入《西周史論文集》（陝西歷史博物館編，陝西人民教育出版社，1993 年），頁 662-674。

68.李世平，〈西周宗教觀淺論〉收入《西周史論文集》（陝西歷史博物館編，陝西人民教育出版社，1993 年），頁 1075-1086。

69.彭　林，〈周代禘祭平議〉收入《西周史論文集》(陝西歷史博物館編，陝西人民教育出版社，1993 年)，頁 1036-1049。

70.趙伯雄，〈周人的先王崇拜〉收入《西周史論文集》（陝西歷史博物館編，陝西人民教育出版社，1993年），頁1019-1035。

71.于錦繡，〈從中國考古發現看原始宗教對中國傳統文化的影響〉，《世界宗教研究》1994年1期，頁48-57。

72.楊淑榮，〈中國考古發現在原始宗教研究中的價值和意義〉，《世界宗教研究》1994年3期，頁85-95。

73.趙東玉，〈從《詩經》看周代祭祀時的飲酒者〉，《古籍整理研究學刊》1994年3期，頁10-11。

74.晁福林，〈試論春秋時期的祖先崇拜〉，《陝西師大學報》24卷2期，1995年，頁88-95。

75.陳 來，〈殷周的祭祀文化與宗教類型〉，《中國社會科學季刊》（香港）1995年秋季卷，頁108-137。

76.鄭若葵，〈殷墟"大邑商"族邑布局初探〉，《中原文物》1995年3期，頁83-93。

77.連劭名，〈商代的秋冬祀典〉，《人文中國學報》第3期，1996年，頁165-178。

78.趙 林，〈商代宗教信仰的對象及其崇拜體系〉，《政大學報》72（上），民國85年，頁1-20。

79.張懷通，〈西周祖先崇拜與君臣政治倫理的起源〉，《河北師範大學學報》20卷4期，1997年，頁81-86。

80.蕭靜怡，〈從周禮天官及地官二篇看周代祭祀問題〉，《孔孟月刊》35卷9期，民國86年，頁7-14。

81.沈長雲，〈說殷墟卜辭中的"王族"〉，《殷都學刊》
　　1998 年 1 期，頁 29-34。

82.唐際根，〈殷墟家族墓地初探〉（收入《中國商文化國
　　際學術討論會論文集》，中國大百科全書出版
　　社，1998 年），頁 201-207。

83.連劭名，〈商代的神主〉，《殷都學刊》1998 年 3 期，
　　頁 1-4，33。

84.陳雙新，〈商周青銅器的發展與宗法禮制的變遷〉，《安
　　徽教育學院學報》1998 年 2 期，頁 25-27。

85.王　暉，〈論商代上帝的主神地位及其有關問題〉，《商
　　丘師專學報》15 卷 1 期，1999 年，頁 62-66。

86.易　寧，〈《史記‧殷本紀》釋《尚書‧高宗肜日》考
　　論〉，《北京師範大學學報》1999 年 4 期，頁
　　5-12。

87.楊錫璋，〈殷墟考古七十年的主要收穫〉，《中原文物》
　　1999 年 2 期，頁 17-27。

88.劉雨亭，〈從農耕信仰到祖先崇拜〉，《河北師範大學
　　學報》22 卷 2 期，1999 年，頁 57-62。

89.鄭振香，〈甲骨文的發現與殷墟發掘世紀回眸〉，《殷
　　都學刊》1999 年 2 期，頁 15-21。

90.梅新林，〈《詩經》中的祭祖樂歌與周代宗廟文化〉，
　　《浙江師大學報》1999 年 5 期，頁 1-6。

91.陳智勇，〈商代宗教的世俗化特徵及其禮治作用〉，《許
　　昌師專學報》2000 年 1 期，頁 26-29。

92.文術發，〈從古文字看商周祭祀制度的演變〉，《西南師範大學學報》26 卷 3 期，2000 年，頁 110-115。

93.孟　鷗，〈從卜辭看商代的人祭之法〉，《青島大學師範學院學報》17 卷 4 期，2000 年，頁 23-32。

94.段振美，〈從殷墟墓葬看商代社會等級分化〉，《殷都學刊》2001 年 3 期，頁 28-30。

95.徐廣德、何毓靈，〈新世紀殷墟考古的重大發現〉，《尋根》2001 年 4 期，頁 65-72。

96.張二國，〈卜辭中所見商代諸神的權能〉，《殷都學刊》2001 年 2 期，頁 14-18。

97.張二國，〈商周的神形〉，《海南師範學院學報》2001 年 4 期，頁 42-50。

98.雷紫翰，〈殷代神靈信仰的動因與實質述論〉，《蘭州大學學報》29 卷 1 期，2001 年，頁 8-14。

99.蔡金來，〈試論商周之際的宗教變革〉，《中國文化研究》2001 年冬卷，頁 54-59。

100.余和祥，〈論宗廟祭祀及其文化特徵〉，《中南民族學院學報》21 卷 5 期，2001 年，頁 61-65。

101.曹書傑、齊發，〈后稷孕生與周人祖先崇拜及後世觀念的變異〉，《東北師大學報》2002 年 2 期，頁 32-38。

附錄一：甲骨文著錄書籍簡稱對照表

1.《甲骨續存》《存》《續存》

2.《殷契卜辭》《卜》《契卜》《契》

3.《殷契佚存》《佚》《佚存》

4.《殷契拾掇》、二編《掇》《掇一、二》

5.《殷契粹編》《粹》《粹編》

6.《殷契遺珠》《遺》《遺珠》《珠》

7.《殷虛卜辭續編》《明續》

8.《殷虛文字甲編》《甲》《甲編》

9.《殷虛文字乙編》《乙》《乙編》

10.《殷虛文字丙編上輯》《丙》《丙編》

11.《殷虛文字綴合》《合》《殷綴》

12.《殷虛書契前編》《前》《前編》

13.《殷虛書契後編》《後》《後編》

14.《殷虛書契續編》《續》《續編》

15.《戩壽堂所藏殷虛文字》《戩)《戩藏》

16.《戰後京津新獲甲骨集》《京》《京津》

17.《戰後南北所見甲骨集》《南》《南北》《南明》《南輔》

18.《戰後寧滬所獲甲骨集》《寧》《寧滬》

19.《小屯南地甲骨》《屯南》

20.《甲骨文合集》《合集》

21.《京都大學人文科學研究所藏甲骨文字》《京人》

22.《懷特氏等藏甲骨文集》《懷特》

23.《英國所藏甲骨集》《英》

24.《龜卜》《龜》

25.《殷虛文字綴合》《合》《殷綴》

國家圖書館出版品預行編目資料

商周時期的祖先崇拜／秦照芬　著－
初版－臺北市：蘭臺，民 92－
　面：　　公分
參考書目：面
ISBN：957-9154-94-5（平裝）

1. 祖先崇拜－中國

215.5　　　　　　　　　　　　92004621

商周時期的祖先崇拜

作　　　者：秦照芬
美術編輯：黃翠涵
發 行 人：盧瑞琴
出 版 者：蘭臺出版社
登 記 證：行政院新聞局出版事業登記臺業字第六二六七號
地　　　址：台北市中正區懷寧街 74 號 4 樓
　　　　　　電話：(02)2331-0535　　傳真：(02)2382-6225
定　　　價：每冊 300 元
戶　　　名：蘭臺網路出版商務股份有限公司
郵政劃撥：18995335
經 銷 處：誠信文化事業股份有限公司
地　　　址：台北縣中和市橋和路 112 巷 10 號 2 樓
　　　　　　電話：(02)2249-6108
香港總代理：文星圖書有限公司
地　　　址：香港九龍新蒲崗大有街 34 號(新科技廣場 10 樓 1020 室)
　　　　　　電話：(852)2789-1736
網路書局：www.5w.com.tw
E－MAIL：lt5w.lu@msa.hinet.net
出版日期：中華民國 92 年 3 月　初版

ISBN：957-9154-94-5